LA ESENCIA DEL
LIDERAZGO

LA ESENCIA DEL
LIDERAZGO

Camino práctico para ser el mejor líder para tu vida
y la de los demás.

Abraham
Portocarrero

La esencia del liderazgo
© 2019, Abraham Portocarrero

Autoedición y Diseño: 2019, Abraham Portocarrero
Primera edición: octubre de 2019

ISBN-13: 978-84-18098-34-5

ÍNDICE:

Agradecimientos, *La esencia del liderazgo.*

Este libro está basado en mis propias experiencias como Líder con mis equipos de trabajo y, antes de serlo, con compañeros que son auténticos líderes sin saberlo.

Gracias a mi padre por darme el ejemplo de cómo ser un gran trabajador; gracias a mi madre por ser una gran luchadora y líder sin saberlo; a mi hermano Isidro porque con tu arte aportas mucho a los demás y lo difícil lo haces fácil.

Gracias a Eliana, compañera y ejemplo de lo que es ser una auténtica líder y profesional, aunque mejor persona; gracias a Javier por ser ejemplo de buen hacer y actitud, no pierdas nunca tu humor; gracias a Alexis por ayudarme con sus consejos, tener siempre la mejor de las respuestas y ser un ejemplo de asertividad.

Gracias a todos con los que he trabajado, compañeros, jefes y de los que, con perdón, me pueda olvidar.

Mi aprendizaje es gracias a ustedes.

Gracias de corazón.

Nota del autor

Antes de leer este libro, mi consejo personal es que empieces por el primer tomo de la trilogía *En busca de tu esencia* para poder luego terminar y culminar con *La esencia del éxito*, que es el tercer tomo.

La esencia del liderazgo es un manual práctico para realizarte como un auténtico líder en cualquier tarea que emprendas en tu vida y que ayude a los demás a conseguirla.

En primer lugar vamos a ver la parte más teórica de las claves que considero, según mi experiencia, que tienes que aplicar en tu día a día como líder, para luego pasar a una segunda parte en la que descubras la mejor manera de ponerlas en práctica.

1.

INTRODUCCIÓN

¿Te consideras un líder?, ¿un guía de masas capaz de hacer todo lo posible para ayudar a los demás? pues déjame decirte que este es tu libro y, si no es así, no importa, te aseguro que lo acabarás siendo.

Hay muchos tipos de liderazgo, pero el que aquí te aconsejo es basado en mis propias experiencias, tanto en mi vida personal como profesional. Por ello cojo de ejemplo a las personas que están a mi lado y las que trabajan conmigo, para poder plasmarlo.

Como ya hemos visto en **En busca de tu esencia,** has venido aquí, a esta vida, a encontrar tu propia esencia para compartirla con el mundo. Por lo tanto, una parte fundamental para conseguir este propósito y alcanzar el éxito es ser un buen líder y ejemplo.

Para ello vamos a profundizar en la manera de cómo puedes conseguir ser un buen líder y llegar a aportar tu mensaje con claridad al resto de la humanidad. Siempre desde la humildad y desde el corazón.

Profundizaremos en un liderazgo puro, con una verdadera Esencia y contagiando a más gente con tu mismo nivel de energía y enfoque.

Trabajaremos desde el corazón, con pasión, con verdadero amor hacia los demás. Por lo tanto, este libro es puramente práctico y lo podrás aplicar en tu día a día.

Pero, para ello, te tienes que comprometer a seguir con energía y entusiasmo y realizar todo lo que te digo.

Ya has descubierto tu don, ahora para tener y conseguir el éxito en tu vida tienes que pasar por el camino del Liderazgo y aplicarlo sin reparos.

Para ser líder tienes que tener un gran compromiso contigo mismo y con la labor que desempeñas hacia los demás.

En este camino eres el auténtico protagonista, ya que tu esencia impregna al resto de seres esenciales.

Tu camino continúa aquí para luego culminar en el mayor de tus éxitos. ¿Comenzamos?

2.

EL LIDERAZGO

"Sé tú el cambio que quieres ver en el mundo".
Mahatma Gandhi

Un oficial de la armada británica describió el liderazgo como la capacidad y voluntad de reunir a hombres y mujeres para un propósito común, y el carácter que inspira confianza.

Mi definición de Liderazgo es "aquella capacidad o habilidad que tenemos todas las personas para guiar, con nuestro ejemplo, a una o varias personas a conseguir un propósito común".

Por lo tanto, todos poseemos la capacidad de ser líderes porque seguro que hay alguien en este planeta al que, directa o indirectamente, habrás ayudado.

A esa persona le has servido de guía, de ejemplo, aunque sea por un momento, y muchas veces ni te habrás dado cuenta de ello.

El liderazgo es ser un ejemplo con tus acciones diarias, dicho esto, ten cuidado y sé responsable de tus actos, puede que haya alguien que te esté viendo como un líder y seas una referencia en ese momento.

Esto pasa con los deportistas profesionales o la gente de éxito. La gran mayoría no se hace responsable de ese gran poder que tienen, ya que están siendo vistos y seguidos, muchos de ellos, por millones de fans, entre ellos, niños. Los cuales son imitadores profesionales y, con ello, van a captar un ejemplo de liderazgo que normalmente no es el más apropiado. Aunque hay buenos modelos como el tenista Rafael Nadal, ejemplo de disciplina y constancia.

Tienes que apostar por un liderazgo que salga desde el corazón, un liderazgo auténtico, sin clases ni tipos, ya sea que trabajes como manager en una multinacional, tengas tu empresa local o seas empleado de banca, da igual. Pienso que no hay que hacer ningún tipo de distinción, ni inteligencia emocional con las personas y llevarlas a donde tú quieres para, con ello, sentirte realizado y ser mejor líder.

Lo que tienes que hacer es trabajar siempre desde tu interior, desde tu Esencia, que es aquel don que tenemos todas las personas, muchas veces sin ser conscientes de ello. Esa manera única que poseemos de realizar cualquier tipo de actividad o servicio con nuestro propio sello que contribuye a mejorar o beneficiar la vida de los demás.

Según el Doctor Lance Secretan, "el liderazgo no trata más que de técnicas y métodos de cómo abrir el corazón. El liderazgo trata de inspiración, de uno mismo y de los demás. El gran liderazgo trata de experiencias humanas, no de procesos. El liderazgo no es una fórmula o un programa, es una actividad humana que proviene del corazón y considera los corazones de los demás. Es una actitud, no una rutina".

Conociendo esto, ya no dirás que no puedes ser un gran ejemplo de transformación para las demás personas.

Para ello tienes que ser una persona muy empática, por lo tanto, toca practicar el Liderazgo a través de la Empatía hacia los demás.

Resumen "El Liderazgo":

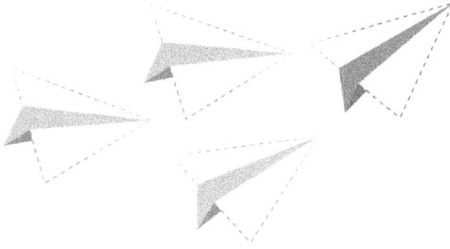

- Liderazgo es: "La capacidad o habilidad que tenemos todas las personas para guiar, con nuestro ejemplo, a una o varias personas a conseguir un propósito común".

- Todos poseemos la capacidad de ser líderes porque seguro que hay alguien en este planeta al que, directa o indirectamente, habrás ayudado.

- Tienes que apostar por un liderazgo que salga desde el corazón, un liderazgo auténtico.

- Trabaja siempre desde tu interior, desde tu Esencia, que es aquel don que tenemos todas las personas, muchas veces sin ser conscientes de ello. Esa manera única que poseemos de realizar cualquier tipo de actividad o servicio con nuestro propio sello, que contribuye a mejorar o beneficiar la vida de los demás.

Ejercicio práctico para saber tu potencial como líder:

1. Define en qué momento de tu vida te has sentido como un líder.

2. ¿Sientes que aportas algo positivo a los demás?

3. ¿Te preocupas normalmente por el bienestar de los demás?

El león es claro ejemplo en la Naturaleza de lo que es el liderazgo, ya que se su misión principal es la de proteger a la manada.

MIS NOTAS SOBRE
"El liderazgo"

3.

LA EMPATÍA

"El liderazgo es acerca de la empatía. Se trata de tener la capacidad de relacionarse y conectarse con las personas con el propósito de inspirar y empoderar sus vidas".

Oprah Winfrey

Querido lector, un verdadero líder no puede carecer de empatía puesto que es una virtud incondicional e innegociable para poder llegar a los demás con tu mensaje.

Para ello, tienes que adoptar una actitud receptiva y de escucha, atendiendo las necesidades, sirviendo de corazón a las personas, ayudando en el proceso que tiene cada uno, que es diferente y requiere de una cierta pericia para poder abordarlo.

Necesitas conocer al otro pero, primero, te tienes que conocer a ti mismo, ya que si lo haces, tu escucha hacia la otra persona y, posteriormente tus consejos, van a estar ausentes de juicios y críticas innecesarias.

Y esto se consigue mediante la escucha empática y estando en el momento presente, conectando con la otra persona y sintiendo nuestra respiración con la suya.

Te invito a que pruebes a respirar de forma intencionada, lenta, relajada y profundamente. La otra persona notará y captará tu respiración y entonces conectará directamente contigo. Compruébalo y verás cómo la otra persona se relaja y se tranquiliza.

Según la Real Academia de la Lengua Española, la empatía (proviene del griego ἐμπαθής, «emocionado») es la capacidad de percibir, compartir y comprender (en un contexto común) lo que otro puede sentir, preocupándose por experiencias ajenas.

Es decir, bajo mi experiencia, tiene que haber algo más que palabras y escucha en el trato entre personas, entre líderes, tiene que haber sentimientos y emociones. Mirar a los ojos de la otra persona y ver más allá, ver dentro de su interior, de su Esencia.

¿No has sentido alguna vez cómo conectas con personas a la primera?, fluye la conversación y hay algo que te dice que hay *feeling,* que hay reciprocidad en la percepción, en los sentimientos y le pones emoción.

Pues esa conexión, un verdadero líder, la tiene con todo el mundo sin excepción, de forma incondicional, sin prejuicios. No puede ser de otra forma, con una actitud en la que se vea reflejada la confianza y dirás "¿cómo confío en alguien que no conozco aún?

La confianza es la base de todas las relaciones personales, por lo tanto, tienes que confiar ciegamente en la otra persona. Ya luego te podrán engañar, traicionar y utilizarte, pero eso es trabajo del otro, no del tuyo. ¿Entiendes lo importante que es esto?

Pues sí amigo, es la base que te hará salir del molde creado por la sociedad y te hará diferente. Te llamarán bicho raro, te llamarán, como lo han hecho conmigo, blandengue, con poca autoridad, que me fío demasiado, pero para eso estamos aquí, para romper todas esas falsas creencias que nos paralizan y no nos dejan avanzar.

Y practicando a diario, no digo que sea fácil, pero tampoco digo que te sea imposible. Te aseguro que nacerá en ti un nuevo concepto de Liderazgo revolucionario, desde la empatía y siempre con sentimientos y emoción, y mirando siempre a tu interior, a tu esencia.

A continuación te explico cómo abordar la comunicación entre líderes y que el mensaje cale e impacte en la otra persona, siempre desde el corazón.

¿Me sigues?

Resumen "La empatía":

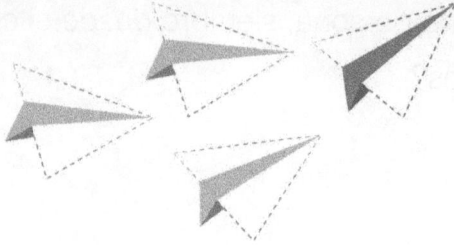

- Tienes que adoptar una actitud receptiva y de escucha, atendiendo las necesidades, sirviendo de corazón a las personas, ayudando en el proceso que tiene cada uno, que es diferente y requiere de una cierta pericia para poder abordarlo.

- Para ello necesitas conocer al otro mediante la escucha empática, y la conseguimos estando en el momento presente y conectando con la otra persona, sintiendo nuestra respiración con la suya.

- Tiene que haber algo más que palabras y escucha en el trato entre personas, entre líderes, tiene que haber sentimientos y emociones. Mirar a los ojos de la otra persona y ver más allá, ver dentro de su interior, de su Esencia.

Ejercicio para fomentar la empatía:

Un ejercicio muy bueno a la hora de empatizar con los demás es preguntar siempre, primero que nada, por ellos: cómo están, cómo se sienten, que necesitan de ti, en que les puedes ayudar, qué harían ellos en esa situación... Y tras hacerlas, escucha atentamente y conecta con su Esencia y acepta todo lo que exprese mediante una comunicación fluida pero intensa.

Describe aquí lo que has experimentado después de hacer el ejercicio de empatía y aplicando lo que te he comentado en el capítulo.

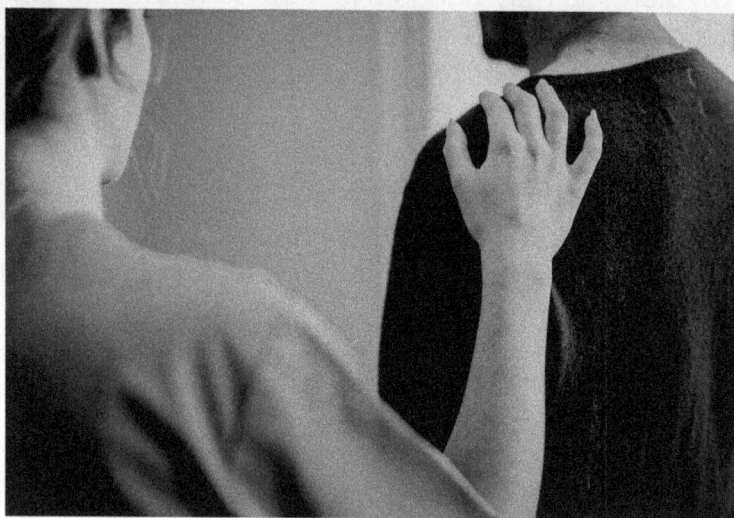

Las personas empáticas son más felices y resuel-
ven antes los conflictos.

MIS NOTAS SOBRE
"La empatía"

4.

LA COMUNICACIÓN

"El arte de la comunicación es el lenguaje del Liderazgo"

James Humes

Como hablamos en *En busca de tu esencia*, hablar, expresarse o dirigirse a los demás es la base fundamental en las relaciones de personas: la comunicación verbal, cómo transmitimos el mensaje y la intención que le damos.

Tienes que utilizar, querido lector, un lenguaje positivo a la hora de comunicarte con los demás. Esto es una base fundamental a la hora de ejercer un buen liderazgo con las personas.

Si escuchas a alguien que transmite positividad, con palabras asertivas y con un significado y un lenguaje que va más allá del simple diálogo, podrán entender mejor el mensaje que quieres transmitir en ese momento.

Debes tener en cuenta que la palabra tiene mucho poder. Cuida, por lo tanto, tu lenguaje, tiene que ser claro, tiene que llegar, tiene que transmitir, tiene que tener sentido, no para la otra persona sino para ti. Te lo tienes que creer y hacer que te sientas bien, ya que es de esta forma cómo vas a conectar con las demás personas.

Como has podido comprobar, siempre acabo hablando de conectar con los demás, de llegar a su Esencia, pero es que es de eso de lo que se trata, es la base fundamental y te lo voy a repetir las veces que haga falta. Para ello es tan sencillo como saber que no hay otros a quienes dirigirte, que todos somos uno en una misma conexión. Aprende esto y tendrás la mayor de las sabidurías.

Entiende que a comunicación y lo que expreses tiene tanto poder que crea tu propia realidad.

Tu mismo te puedes llegar a sugestionar de tal forma con la palabra que, si repites algo poniéndole emoción y repetición, lo verás reflejado en tu vida.

¿No te ha pasado que cuando empiezas a quejarte o decir algo en voz alta como por ejemplo del tiempo, que si hace un día frío, gris... eso es lo que tienes en el día y atraes y contagias a los que están a tu alrededor?

Pues ese es el poder que tiene la palabra para un Líder y, con ello, la responsabilidad de controlar sus emociones y pensamientos para que no influyan en la positividad del mensaje.

Un Líder actúa siempre como ejemplo, así que a partir de ahora mide cada una de tus palabras, pues en ellas está la verdadera clave de una buena comunicación.

Para evitar toxicidades de la sociedad, tienes que desconectar de la realidad que nos han impuesto, en la que la comunicación ha pasado a tener poca importancia en cualquiera de los ámbitos, laboral, familiar... Y esto se consigue creando tu propia comunicación a base de indagar en tu interior y sacando todo tu potencial siempre desde el corazón.

La comunicación con corazón es a donde tenemos que llegar todos. Como bien te decía antes, todos somos uno, entonces... ¿por qué no me voy a comunicar bien con el otro si, en realidad, no hay otro, sino que soy yo? Es una incongruencia, ¿verdad?

Entonces es así de fácil, para realizar una buena comunicación tienes que hablarte y dirigirte a ti, es decir, como si te estuvieras mirando a un espejo. ¿Verdad que no te dirías cosas negativas, con palabras despectivas y feas?

Te recomiendo que practiques el lenguaje en positivo para ser un buen líder a la hora de comunicarte. Avanzarás y verás resultados en ti primero, y luego, en los demás.

Sé un Líder comunicador, transmite tu mensaje a los demás, busca en tu interior y ten la certeza de que será el más acertado y correcto posible.

Busca el mensaje que puedas transmitir al mundo y ese mensaje saldrá de ti con la mejor intención, con el mejor lenguaje y con él impactarás al mundo y a ti.

Esta foto representa un ejemplo claro de lo que es la realidad actual, de lo que estamos transmitiendo y de lo que no hay que hacer si queremos ser buenos comunicadores y líderes, porque nos perdemos la vida.

Resumen "La Comunicación".

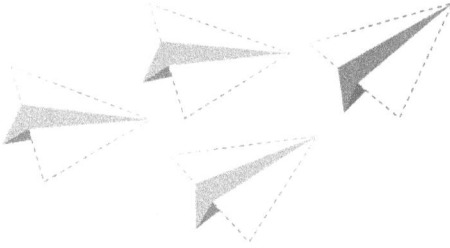

- Tienes que utilizar, querido lector, un lenguaje positivo a la hora de comunicarte con los demás. Esto es una base fundamental a la hora de ejercer un buen liderazgo con las personas.

- La comunicación con corazón es a donde tenemos que llegar todos. Como bien te decía antes, todos somos uno, entonces ¿por qué no me voy a comunicar bien con el otro si, en realidad, no hay otro sino que soy yo? Es una incongruencia, ¿verdad?.

- Sé un Líder comunicador, transmite tu mensaje a los demás, busca en tu interior y ten la certeza de que será el más acertado y correcto posible.

Ejercicio Comunicativo:

Comunicarse con los demás es fundamental, a partir de hoy vas a hacerlo y no guardarte nada. Para que no hayan conflictos es básico en todos los aspectos de la vida.

1. Crea pequeñas reuniones con tus compañeros de trabajo, familia, amigos... y comenten entre todos, con mucha claridad y respetando siempre el turno de palabra, cómo se sienten y cuál es su experiencia actual.

2. Crea la comunicación como un hábito todos los días, en vez de perder el tiempo viendo la televisión, comunícate y habla con tu familia.

3. Crea un grupo de chat o en redes sociales para practicar la comunicación con otras personas e interactuar con ellas.

MIS NOTAS SOBRE
"La comunicación"

5.

ESCUCHAR

"Cuando hablas solo repites lo que ya sabes, pero cuando escuchas quizás aprendas algo nuevo".

Dalai Lama

Para ser un buen líder tienes que aprender a escuchar el mensaje que todos los demás te transmiten. Sé que es una tarea, muchas veces, complicada, ya que lo que queremos es que nos escuchen a nosotros primero, utilizando nuestro egoísmo innato. Pero tenemos que aprender a liberarnos de él y ser conscientes de que en la escucha se encuentra la mayor de las sabidurías.

No todos los mensajes serán válidos, no todos serán los mejores, pero siempre serán una vía muy importante de aprendizaje, ya que toda esa información tenemos que luego clasificarla y seleccionarla según nuestro propio criterio.

Un criterio, basado siempre en el liderazgo como concepto de equipo y unión, es que tenemos que seleccionar según nuestra propia intuición de líder y nuestra propia experiencia con equipos, haciendo una escucha creíble y sincera.

Como bien decía antes, si todos somos uno pues tenemos que ser no solo los mejores oradores, sino también los mejores receptores. Pues no es solo el mensaje que nos transmiten, sino la intención con la que se hace.

Saber escuchar es una habilidad esencial si quieres mejorar las relaciones humanas, aunque es frecuente que no se lleve a cabo, lo cual produce un impacto negativo tanto en la vida personal como en la laboral.

En el ámbito empresarial, este hecho tiene graves consecuencias. Según algunos estudios se calcula que 60 % de los problemas empresariales son consecuencia de una mala comunicación, lo cual tiene que ver más con la calidad de escucha que con la calidad del habla. Debido a que esta primera habilidad determina lo que escuchamos y decimos y, en consecuencia, lo que escucha y dice el otro.

Para escuchar tienes que oír con atención, enfocado en la gente e interpretando sus palabras. Los seres humanos somos bastante buenos oyendo, que es muy distinto a escuchar, una habilidad que aún no desarrollamos totalmente. Cuando escuchamos a alguien, pocas veces estamos completamente atentos a sus comentarios y nos centramos en lo que pensamos acerca de lo que el otro está diciendo, todo con el fin de preparar la respuesta que vamos a dar. Esto produce una escucha deficiente.

Debes saber que existen tres maneras de escucha: ausente, automática y proactiva.

La escucha ausente sucede cuando estás en una conversación o reunión, pero tu mente está en otra parte, sabemos que no escuchamos lo que dijo el otro y continuamos con la conversación hasta que se produce un malentendido. Para evitar una situación así, es recomendable detener la conversación en el momento en que notamos esta ausencia, ya sea tuya o del otro, ya que, de lo contrario, la comunicación no es efectiva y se convierte en una pérdida de tiempo.

La escucha automática se basa en filtrar todo lo que escuchamos para dar validez de lo dicho. Así, te haces preguntas internas que juzgan lo que dice el otro.

Algunos ejemplos de estas preguntas son: ¿es verdadero o falso?, ¿estoy de acuerdo o no?, ¿me sirve esto a mí? Este tipo de escucha te limita la calidad de la conversación, ya que te limitas a escuchar ciertas cosas, por lo tanto, no detectas mensajes importantes simplemente porque no estas atento a ella.

La escucha proactiva la generas con una intención y compromiso claro. Involucra una atención enfocada y una intención inicial que también está basada en preguntas que pueden incluir: ¿qué me aporta lo que la persona me dice?, ¿cómo puedo incluir parte de lo que la persona me está diciendo en mi manera de ver las cosas?, ¿cuál es el compromiso de esta persona?

Escuchar efectivamente requiere de intención, compromiso y práctica constante, lo cual impactará en tu persona y en los demás, tanto en tus relaciones laborales como en las personales.

No puedes evitar escuchar frecuentemente a los demás de manera ausente, pero sí puedes estar suficientemente presente para distinguir cuando lo estás haciendo. Tienes que detener la conversación y generar en ese momento una escucha atenta y proactiva. Entonces se traducirá en beneficios en tus relaciones, ya que obtendrás algo valioso de la conversación y crearás un clima positivo, al dar señales de interés y compromiso, con los demás.

Dicho todo esto te invito a que escuches más, no solo a la otra persona sino a ti mismo, a tu interior, mediante tu Esencia, mediante la contemplación y la escucha plena.

Puedes realizar un ejercicio de mutuo acuerdo con otra persona en la que establezcan un diálogo y apliquen estos principios. Al final comentad de lo que se han percatado y qué tipo o tipos de comunicación han empleado durante la conversación.

Hemos hablado de una buena comunicación y escucha, pero para ello tienes que activar el modo asertivo. Te lo explico a continuación.

¿Me sigues?

La importancia de una buena escucha en cada momento de la vida y de enseñar cómo se debe hacer.

Resumen Escuchar:

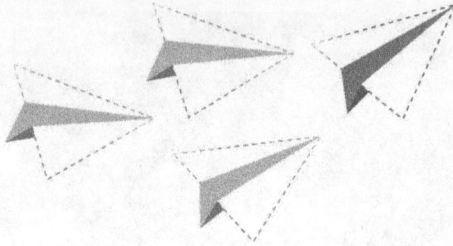

- Para ser un buen líder tienes que aprender a escuchar el mensaje que todos los demás te transmiten.

- Existen tres maneras de escucha: ausente, automática y proactiva.

- Escuchar efectivamente requiere de intención, compromiso y práctica constante, lo cual impactará en tu persona y en los demás, tanto en tus relaciones laborales como en las personales.

MIS NOTAS SOBRE
"**Escuchar**"

6.

ASERTIVIDAD

"Lo más importante es que necesitamos ser entendidos. Necesitamos alguien que sea capaz de escucharnos y entendernos, entonces sufrimos menos".

Tchin Naht Hanh

La asertividad es la habilidad de expresar nuestros deseos de una manera amable, abierta, directa y adecuada, logrando decir lo que queremos sin perjudicar a los demás.

La persona asertiva se reconoce a sí misma, sus propios derechos, y los defiende. Por lo tanto, no es una conducta de búsqueda de aprobación, requiere seguridad en nosotros mismos.

Un ejemplo que te lo va a aclarar sería este:

Hemos pedido en un restaurante carne, pero que esté hecha. El camarero está ocupado y nos sirve el plato. En ese momento nos damos cuenta que la carne está poco hecha y eres perfectamente consciente de que así no puedes comerla, ya que te desagrada.

La conducta pasiva es quedarte con la carne y no comerla o hacerlo con asco.

La conducta agresiva es llamar al camarero y decirle con malos modales que vaya porquería nos ha servido.

La conducta asertiva es llamar al camarero y, de una manera firme y a la vez amable y educada, pedirle que nos haga la carne a nuestro gusto. No hace falta decirle que se ha equivocado ni recriminarle nada del tipo "ya se lo habíamos dicho". Te basta con solicitar el cambio.

Algunas pautas que pueden ayudarte a ser asertivo son:

Tener muy claro el objetivo a conseguir.

Procura controlar las palabras y el lenguaje no verbal. Si tus palabras son adecuadas, pero levantas una mano amenazante, la percepción del otro será que estás siendo agresivo. Lo ideal sería conectar desde la empatía, pero en según qué situaciones, tu lenguaje corporal tendrá que mantenerse al margen de lo que haga el otro para ser efectivo.

No utilizar juicios ni valoraciones de la conducta de la otra persona.

Primero hay que escuchar activamente lo que la otra persona nos está diciendo. Luego decir lo que tú piensas, sin disculparte. Puedes utilizar algunas frase como: "entiendo lo que me dices, sin embargo, yo creo que...". Por último, das tu propuesta de solución.

Es más útil intentar un acuerdo viable que otro que claramente no va a ser aceptado.

A veces es útil simplemente decir que no, sin mayores explicaciones. La explicación se desliza en ocasiones hacia la justificación y da opciones a la otra persona para tratar de revocar nuestra decisión.

Si se trata de una situación emocional, puedes decirle a la otra persona cómo tú te estás sintiendo, nunca culpes al otro.

Tómate tu tiempo. A veces cuando ves que va ser imposible alcanzar un acuerdo favorable, puedes tomarte tu tiempo para dar una respuesta más tarde.

Puedes dar una respuesta que se salga un poco del tema para disipar la tensión y, después, volver a lo que estabas diciendo.

Lo más importante, como todo en esta vida, es practicar. Si se diera el caso de que la otra persona está muy agresiva, la asertividad, por sí sola, podría no ser adecuada, ya que primero hay que conseguir desactivar, en parte, esa agresividad.

Ejercicio asertivo:

Contesta a estas preguntas lo más sinceramente posible, te ayudarán a ver qué capacidad de asertividad posees.

¿Sueles comportarte de manera asertiva?

¿Hay alguna situación en la que piensas que no es adecuado defender tus derechos?

Como habrás comprobado, el ser asertivo es muy importante a la hora de ser un buen líder porque debes tener esa capacidad correcta de negociación con los demás para poder ser un buen ejemplo. Y, recuerda, según trates, serás tratado.

Resumen "Asertividad":

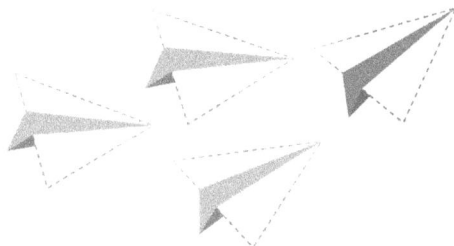

- La asertividad es la habilidad de expresar nuestros deseos de una manera amable, abierta, directa y adecuada, logrando decir lo que queremos sin perjudicar a los demás.

- La persona asertiva se reconoce a sí misma sus propios derechos y los defiende. Por lo tanto, no es una conducta de búsqueda de aprobación, requiere seguridad en nosotros mismos.

- Como habrás comprobado, el ser asertivo es muy importante a la hora de ser un buen líder porque debes tener esa capacidad correcta de negociación con los demás para poder ser un buen ejemplo. Y recuerda, según trates, serás tratado.

MIS NOTAS SOBRE
"Asertividad"

7.

RESPONSABILIDAD

"El mayor día de tu vida y la mía es el que tomamos responsabilidad total de nuestras actitudes. Ese es el día en el que realmente crecemos".

John C. Maxwell

Cuando eres y sabes que eres responsable de cada uno de tus actos en esta vida, entonces comprenderás mucho de lo que significa ser Líder y dueño de todo lo que sucede a tu alrededor.

Tomarás consciencia de que la vida que estás viviendo es por pura creación tuya y eres el único responsable de todo en lo que ella sucede.

La campanilla, cuento de la China:

En el siglo X, el eminente monje Fa-Yan dirigía un templo budista que se alzaba cerca de una ciudad del sur de China. En ese mismo templo vivía el honesto monje llamado Tai-Quin, que era despreciado por ser un poco descuidado.

Una vez, después de las oraciones diarias, Fa-Yan preguntó a sus hermanos de monasterio:

—Si un tigre aparece con una campanilla atada al cuello, ¿quién podrá desatarla?

Todos se quedaron perplejos, pues desatar la campanilla del cuello del tigre sería una temeridad. El tigre es un animal muy temido en aquellas latitudes. Es imposible que una persona pueda acercarse a su cuello para quitarle un cascabel. Por este motivo, aunque pensaban y pensaban, nadie se atrevía a dar una respuesta válida.

En ese momento entró el monje Tai-Quin, y el eminente religioso repitió la pregunta.

El monje que acababa de entrar respondió con la punta de la lengua:

—La campanilla debe ser desatada por quién la hubiera atado.

Esta frase se tornó en un proverbio para el pueblo, por eso en China la gente no dice "Debe resolver el problema quién lo creó", sino que utiliza el dicho "La campanilla debe ser desatada por quién la ha atado".

Por lo tanto, querido lector, debes desatar tú mismo la campanilla. No culpes a otros de tu situación, un buen líder es el que va primero y se hace 100 % responsable de todos sus actos.

La responsabilidad está ligada al liderazgo, ya que funcionan como dos lazos que se estrechan y que no se pueden separar, puesto que sería una gran incongruencia que un líder no se hiciera responsable.

Si quieres ser un buen líder, hoy es el día, no mañana. Hoy es el día en el que tienes que cambiar, tiene que ser ya, hoy, aquí y ahora, porque mañana es muy tarde y no lo harás. Es hoy, ahora o nunca, y tienes que comprometerte y responsabilizarte sin excusas, no conmigo ni con nadie, sino contigo.

No vendas ni hipoteques ni un día más de tu vida siendo un irresponsable que no afronta sus retos.

Te voy a decir algo que no te va a gustar, si no te responsabilizas hoy y eres consciente de que, si no cambias, nadie lo hará por ti, te aseguro que no vas a liderar nada, ni si quieras serás el dueño de tu propia vida.

Es más fácil de lo que parece, te lo aseguro. Cambia, modifica tu patrón de conducta, primero en ti y luego, lo que proyectas a los demás, será espectacular. Compruébalo por ti mismo.

"El precio de la grandeza es la responsabilidad".

Winston S. Churchill

La grandeza a la que debes de aspirar se mide por el grado de responsabilidad que tienes a la hora de enfrentarte a tus tareas diarias, a cómo afrontas lo retos, los problemas...

Es muy importante que asumas que ser responsable significa ser estricto contigo mismo.

Para ser exigente con los demás tendrás primero que exigirte al máximo a ti. Predica siempre con el ejemplo.

A continuación vamos a adentrarnos en el mundo de la pasión enfocada desde el punto del Liderazgo.

Continuamos...

Resumen "Responsabilidad":

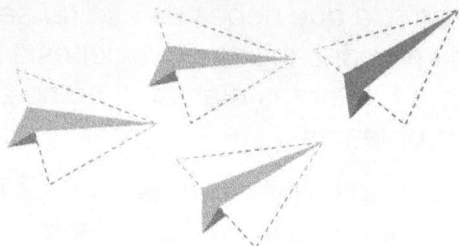

- Cuando eres y sabes que eres responsable de cada uno de tus actos en esta vida, entonces comprenderás mucho de lo que significa ser Líder y dueño de todo lo que sucede a tu alrededor.

- Si quieres ser un buen líder, hoy es el día, no mañana. Hoy es el día en el que tienes que cambiar, tiene que ser ya, hoy. Aquí y ahora porque mañana es muy tarde y no lo harás. Es hoy, ahora o nunca, y tienes que comprometerte y responsabilizarte sin excusas.

- La grandeza a la que debes de aspirar se mide por el grado de responsabilidad que tienes a la hora de enfrentarte a tus tareas diarias, a cómo afrontas lo retos, los problemas...

MIS NOTAS SOBRE
"Responsabilidad"

8.

PASIÓN

"Los líderes ejemplares son personas con convicción, compromiso, resolución y pasión".

Warren Bennis

Querido lector, en *En busca de tu esencia* hablamos de la Pasión como una de las emociones más importantes para conseguir tu propósito en esta vida, tu esencia.

La pasión es una emoción que, aplicada en el liderazgo, es sumamente importante. Sin pasión por lo que haces, por lo que estás haciendo ahora, no hay posibilidad alguna que contagies a los demás.

Tienes que tener pasión por todo lo que hagas en tu vida, y no un día sí y otro no, todos los días, a todas horas, sin excusas, ya que los demás notarán esa intensidad.

El buen líder es pasional, es auténtico y transmite pura pasión. ¿Cómo? amando lo que hace, trabajando cada día para mejorar su vida y la de los demás, siendo ejemplo de constancia y positivismo, haciendo lo que muy pocos hacen con verdadera responsabilidad.

Ponle pasión a tu vida y te será mucho más fácil contagiar al resto de personas con las que entres en contacto. Incluso querrán estar contigo, cerca de ti, apoyándote, confiando, captando toda la información posible para aprender de ti. Qué importante y qué gran responsabilidad esto último, ya que si eres referente para los demás, te tienes que hacer muy responsable de tus actos y de tus acciones diarias. Por lo que, para bien o para mal ,estarás siendo ejemplo y si te despistas y descuidas en el arte de dar y tener pasión por lo que haces, no acabarás siendo el líder que has venido a ser.

Ejemplo de lo que es ser un líder de éxito con auténtica Pasión:

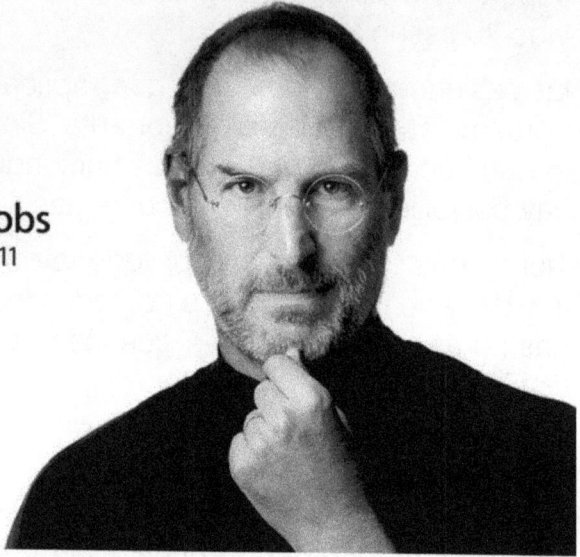

Steve Jobs
1955-2011

Es así de fácil, si te haces responsable, obtendrás el éxito a través de liderazgo y aplicando una verdadera pasión por lo que haces y transmites al mundo.

Es mejor que transmitas un mensaje positivo, un mensaje de alegría, un mensaje de auténtica pasión, sin entrar en la queja, la duda, la desilusión que contagian muchas personas. Tú debes hacer lo contrario, desde la perspectiva de líder tienes que saber que, si lo haces, serás la persona con mayor referencia para muchos.

Trabajo con equipos de trabajo y de lo que me he dado cuenta es de que exijo que conmigo solo quiero gente que verdaderamente tengan pasión por lo que hace. Pero esa exigencia conlleva una gran responsabilidad por mi parte y un gran dominio de mis emociones y pensamientos, porque si yo no transmito pasión por todo lo que hago, pues... ¿qué voy a esperar del equipo?

Pero no un líder con pasión solo en el trabajo, también lo soy con mi familia, con mi entorno, exigiéndome al máximo, sin permitirme dejar ni un solo instante, y con gran disciplina, el transmitir pasión por todo.

Esto es clave, querido lector, como haces una cosa, las haces todas, por lo que no tienes que ser diferente en el trabajo o en tu vida familiar o social. Esa energía, esa fuerza, esa pasión no debe decaer ni un solo momento, por lo tanto, mucha atención a tus pensamientos negativos, que no te aportan nada. Y mucha atención a tus quejas, con la palabra hablada, ya que, como hemos visto, lo que dices lo atraes.

Toma consciencia de todo esto y lo importante que es a la hora de tener el control de tu vida y, por lo tanto, ser libre.

Una máxima muy importante en el liderazgo es el trabajo en equipo, sin equipo no hay líder, y sin líder no hay equipo. Esto parece sentido común, pero muchas organizaciones le dan mucha importancia al líder cuando el verdadero protagonismo, muchas veces, es del equipo. El líder es simplemente un guía.

Vamos a trabajar en equipo, ¿te animas?

Resumen "Pasión":

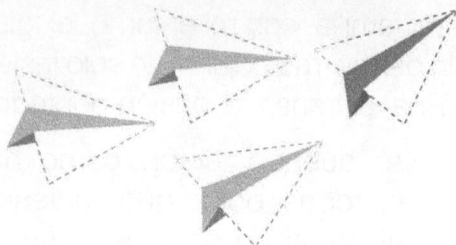

- La Pasión es una de las emociones más importante para conseguir tu propósito en esta vida, tu esencia.

- La pasión es una emoción que, aplicada en el liderazgo, es sumamente importante. Sin pasión por lo que haces, por lo que estás haciendo ahora, no hay posibilidad alguna que contagies a los demás.

- El buen líder es pasional, es auténtico y transmite pura pasión. ¿Cómo? amando lo que hace, trabajando cada día para mejorar su vida y la de los demás, siendo ejemplo de constancia y positivismo, haciendo lo que muy pocos hacen con verdadera responsabilidad.

- Como haces una cosa, las haces todas, por lo que no tienes que ser diferente en el trabajo o en tu vida familiar o social.

MIS NOTAS SOBRE
"Pasión"

9.

EQUIPO

"Yo hago lo que tú no puedes, y tú haces lo que yo no puedo, juntos podemos hacer grandes cosas".

Madre Teresa de Calcuta

El liderazgo carece de sentido si no incluye en la ecuación el trabajo en equipo, el compartir ideas, sueños, metas propósitos, anhelos...

La principal función de un líder es ser ejemplo y guiar a su equipo a ganar batallas, a tener éxitos ilimitados, a ayudarles a subir cada peldaño en busca de la cima de un propósito común.

Por lo tanto, eres un auténtico líder si estás metido de lleno en el equipo, conoces a cada uno más que a ti mismo, conoces sus fortalezas y debilidades y estás ahí para que no decaigan. Eres como una gran palanca, pero tú solo no puedes moverla, tienes que dejarte ayudar por los demás, tienes que ayudar y dejar que te ayuden.

Todas y cada una de las personas que forman un equipo deben de tener la capacidad y predisposición de estar unidos, en el sentido que hay que apoyarse siempre en el otro cuando a uno le entran miedos y dudas.

Tienes que apoyar y la mejor manera de hacerlo es, como ya te he dicho, siendo ejemplo. Entonces, aunque seas de la manada y no el líder , no importa, tu papel es muy importante, ya que contagiarás igualmente a los demás.

Siempre, y la prioridad, es que tienes que proteger a toda costa al grupo o equipo. De esta manera, un trabajo o tarea que se realiza por todos es siempre mucho mejor, tiene mucho más poder a la hora de conseguir unos resultados.

Las individualidades dentro de un equipo homogéneo con una filosofía adecuada no tienen cabida.

Un cuento Zen que da una idea de lo que explica bien este concepto de trabajo en equipo es el de *La tres Flechas*.

Un viejo guerrero Samurai que en su juventud había logrado sobrevivir a los embates de diversas guerras entre señoríos, presintió que sus días en este plano de vida iban a concluir pronto. Por lo que decidió dar lo poco que tenía a sus tres únicos hijos que eran también samurais, pero de un nivel muy básico.

Como presentía que su destino con el TAN TIEN se acercaba y no era posible enseñar Kenjutsu por completo a sus tres hijos, se entristeció, pues, sin duda, después de su partida, serían presa fácil de otros guerreros de mayor nivel.

Mientras hacía un recuento de las posesiones en armas que tenía, observó las flechas que había forjado años antes como regalo para sus hijos (las flechas tienen una simbología muy particular para los japoneses, pues denotan el vehículo con que se trasladan los deseos y las metas, y su objetivo es no regresar al lugar de donde salieron). Se le ocurrió lo que podría dejar como último legado para sus tres hijos.

Convocó a los tres para dar sus bendiciones y la herencia, y les dijo:

—Sé que seguiréis mis pasos como guerreros y sé que aún sois muy jóvenes e inmaduros en las artes del sable, sin embargo, vuestras técnicas son complementarias, por ello os tengo una herencia más por daros. Tomad cada uno esta flecha. En estas flechas está el secreto para que podáis ser invencibles a pesar de que solo sabéis técnicas de ataque y no de defensa.

Los tres muchachos se quedaron sorprendidos, se miraron entre sí, pues no sabían cómo tres flechas podían hacerles invencibles, ni siquiera parecían tener alguna cualidad superior.

Uno de ellos dijo:

— Padre, gracias por tu regalo y por entregarnos estas flechas, pero dime, ¿cómo es que esta simple flecha me va hacer invencible?

El anciano respondió:

— Si decides romper esta flecha con tus propias manos seguramente lo lograrás sin ningún tipo de problema, pero si juntas las tres, te será prácticamente imposible romperlas tan solo con tus manos.

El chico comprobó que su padre tenía razón, pues a pesar de que eran simples flechas, estaban hechas de maderas duras y al juntar las tres, no se podían romper.

El anciano sonrío de nuevo al ver que ninguno de los tres pudo romper el grupo de flechas y continuó diciéndoles:

— Así como el estilo de estas tres flechas es el de solamente atacar su objetivo, el vuestro es igual. Las flechas son indestructibles si se juntan, pero si se deja una sola, cualquiera podrá romperla. Estas flechas representan vuestras cualidades y personalidades de combate, de igual manera, para que seáis invencibles siempre deberéis luchar juntos y atacando de una manera definitiva y sin titubear, pues el día que decidáis pelear solos será el último: rota una de las flechas las otras son más fáciles de romper.

Querido lector, únete al de al lado, pero a gente que esté vibrando en tu misma frecuencia, haz la prueba, verás cómo todo te es mucho más fácil y te harás... se harán más fuertes y resistentes como flechas.

Te tengo que comentar que a lo largo de mi carrera profesional he liderado varios equipos de trabajo, de entre tres y cuarenta personas. Y, te puedo asegurar que si permaneces unido y haces entender a todo el grupo que el objetivo común a alcanzar es innegociable y que sin cada uno de ellos no se puede conseguir, te aseguro que obtendrás más pronto que tarde resultados.

En el deporte por equipos es importante mantener la cohesión.

Es una tarea diaria, con el equipo, pero tienes que ser constante e intentar formar el grupo de los mejores. Sin excusas de ningún tipo, y el que no esté vibrando, por inercia se caerá del mismo.

Como líder dependerá de ti ser lo suficientemente astuto para que todos y cada uno de los integrantes colaboren en la actividad a desempeñar. Generando ilusión y optimismo a todos por igual, dando el mismo nivel de protagonismo. Pero que todo esto no te confundas, tú eres ejemplo de constancia y exigencia, y si en algún momento vas a exigir al resto, tienes que saber que primero te debes de exigir a ti mismo como a nadie más.

Exigir al equipo significa que tienes que generar la suficiente energía en común para poder remover y hacer que trabajen en lo que les gusta desde la pasión y con pasión. Esto quiere decir que tienes que guiarlos por un camino que sea duro y exigente, pero que a la vez reconforte a todos por igual. Esa es la clave de ser un verdadero líder que los guía.

Una herramienta muy buena para crear comunicación y confianza en el equipo es reconocer las diferentes personalidades en ti y en tu equipo y, para ello, podemos hacer una comparativa con los cuatro estilos básicos de la naturaleza: **TIERRA, AGUA, FUEGO Y AIRE.**

TIERRA (conecta con la realidad): Su preferencia es vivir una realidad tangible y demostrable. Estilo formal e independiente, usa la lógica y la objetividad, su mensaje es concreto.

Es por lo general tranquilo, práctico, prudente, analítico, formal, razonable, claro.

AGUA (Movimiento, transparente): Su preferencia es crear ambientes armónicos, se preocupa por los sentimientos de los demás y tiene un estilo sensible y amable.

Por lo general están interesados en conseguir que la relaciones perduren, no imponiendo sus ideas, sino siendo educado y amable con los demás y tratando de comprender al otro antes de compartir su opinión.

FUEGO (pura energía): Su preferencia es organizar proyectos y dirigir personas y hacer que las cosas pasen, tiene un estilo rápido e ingenioso.

Por lo general están centrados en solucionar temas, tienen una predilección por conseguir objetivos de forma rápida y actúan para resolver los temas con eficiencia.

AIRE (Libre): Su preferencia es relacionarse con otros, ve la vida llena de posibilidades y tiene un estilo flexible y entusiasta.

Generalmente están altamente interesados en las personas y en socializar con ellas, y tienden a crear conexiones creando oportunidades de relación.

Ahora, querido lector, ya sabes los cuatro estilos que predominan en las personas, por lo tanto, te invito a que apuntes aquí y ahora con cuál de estos cuatro estilos te sientes más identificado. Ojo, no significa que no tengas de los otros tres, porque ya sabes que en el equilibrio está la clave del éxito. Todos tenemos de todos los estilos, pero, por lo general, tendemos a predominar más en uno.

Esta herramienta te ayudará a reconocerte a ti y a los demás.

Apunta aquí cuál es tu estilo basado es tu personalidad:

_____

A continuación te explico cómo hacer que puedas guiar a los demás, desde tu experiencia y con el mejor método de liderazgo.

¿Me sigues?

Resumen "Equipo":

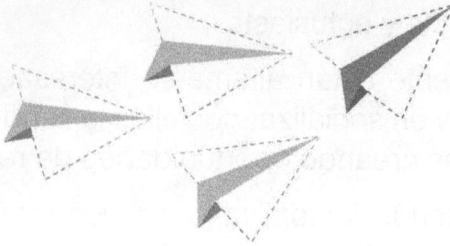

- La principal función de un líder es ser ejemplo y guiar a su equipo a ganar batallas, a tener éxitos ilimitados, a ayudarles a subir cada peldaño en busca de la cima de un propósito común.

- Tienes que apoyar, y la mejor manera de hacerlo es, como ya te he dicho, siendo ejemplo. Entonces, aunque seas de la manada y no el líder, no importa, tu papel es muy importante ya que contagiarás igualmente a los demás.

- Exigir al equipo significa que tienes que generar la suficiente energía en común para poder remover y hacer que trabajen en lo que les gusta desde la pasión y con pasión. Esto quiere decir que tienes que guiarlos por un camino que sea duro y exigente, pero que a la vez reconforte a todos por igual. Esa es la clave de ser un verdadero líder que los guía.

MIS NOTAS SOBRE
"**Equipo**"

10.

SER GUÍA

"Sé el faro que ilumina a otro.
Así experimentarás tu sentido de transparencia y
legado, mientras estás aquí en la tierra".

Daniel Colombo

Un Sherpa es un Tibetano, porteador y guía, que ayudan en expediciones de alta montaña en el Himalaya.

Tu trabajo como líder debe de ser como el de un Sherpa, tienes que ser un guía experto en zonas tan complicadas como la alta montaña. En este caso, tu vida y las relaciones con los demás.

Esto conlleva una gran responsabilidad, ya que los demás confían en ti para que los guíes por el mejor camino para llegar a la cima. Por lo tanto, traslada esto mismo a tu vida diaria como líder, y es exactamente lo mismo que tienes que hacer.

Para ello debes de tomar las mejores decisiones, aunque te equivoques, pero debes y tienes que tomarlas siempre por el bien del equipo.

Eres un gran explorador y un gran guía para muchos, lo que pasa es que tienes que descubrirlo, ¿cómo? pues como bien te dije en *En busca de tu esencia* debes encontrar y buscar el don que te haga ser ejemplo y conseguir que los demás te sigan por ese mismo Don. Esencia única que posees y que nadie más tiene.

Entonces, lo primero que tienes que hacer es encontrar qué ofrecer a los demás, pero antes sabiendo lo que te ofreces a ti mismo.

Así, de este modo, podrás guiar a quien tú quieras y a quien se deje guiar, claro está. Pero esto no te debe preocupar, ya que, si tú tienes plena confianza en ti mismo, todo te será mucho más fácil y esas personas llegarán.

¿Entiendes lo importante de ser un líder, de no quedarse atrás a esperar a que pasen las cosas, que pase un milagro, sin tomar acción?

Ser líder es todo lo contrario, tomas acción, te equivocas, te caes, te levantas y vuelves a empezar. Es así, a no ser que quieras pertenecer a los que viven esperando que pase algo en sus vidas, desde la comodidad.

Pues déjame decirte, querido lector, que es muy importante salirte del molde y guiar, porque guiando, siendo ejemplo, liderando a los demás es donde va a residir tu verdadero aprendizaje en esta vida.

Pero no desde la comodidad como un jefe que señala con el dedo y da órdenes, sino desde tu interior hacia el mundo, con un mensaje fuerte, potente, valiente, sincero y siempre desde tu corazón.

Y no hay más, te puedo decir que es lo que funciona conmigo y con todos lo que se aventuran a dejar la tan preciada zona de confort. Al servir y guiar a los demás.

Ahora sí, ya que hemos ejercido el liderazgo en nosotros mismos, estamos en posición de practicarlo con los demás.

¿En qué momentos? Yo veo muchísimos en mi mente y todos tienen que ver con algo en particular: servir a los demás.

Asistir de la mejor manera a alguien:

Decirle cómo llegar a algún lugar, ayudar a una persona que cae al suelo en la calle a levantarse, ayudar a una persona de la tercera edad a cruzar la calle o ayudarla a subir al transporte público, etc..

Eso es altruismo, es verdad, pero también es liderazgo servicial. No solo en esas ocasiones, también puedes aplicarlo prácticamente con todas las personas con las que interactúas.

Escuchar a los demás es una de las mejores formas de ayudarlos.

Y eso no es todo, por supuesto. Aplica el liderazgo con tus compañeros de trabajo. Te repetiré algo para que no se te olvide:

No necesitas ninguna posición en una empresa para ser un líder.

Lo único que necesitas es vencer el egoísmo y empezar a servir a los demás. Tener la disposición de ver más allá de tus intereses y tomar la iniciativa para guiar a los demás a un camino que tú ya conoces y has recorrido.

No es necesario que seas un experto en algo en particular, pero sí necesitas tener una personalidad conciliadora, dominar tus enojos, empatía con las personas y pensar siempre en beneficio de los demás.

Recuerda "No se trata más de ti, sino de tu equipo", tienes que dejar a un lado tus intereses propios por servir a los intereses de los demás. Esos intereses de los demás, justamente serán tus nuevos intereses.

Guía a los demás a ser mejores en todos los sentidos posibles y te seguirán hasta en el día más oscuro. ¿Cuántas personas te ayudan a ti a ser mejor en todos los sentidos? Te garantizo que no son muchas. Y las pocas que lo hacen son personas que admiras y estimas mucho.

Si haces esto por los demás con mucha humildad y diplomacia, te ganarás su confianza, tendrás cada día más influencia sobre ellos y sobre otras personas que conozcas en tu vida.

Las habilidades de liderazgo harán milagros en tu vida y en las de las personas que te rodean.

Si estás leyendo este segundo tomo de la trilogía, se supone que deberías saber tu Esencia, si no es así, te invito a que releas de nuevo y estudies *En busca de tu esencia* porque te va a dar la respuesta. Además, lo pone en el título, "GUÍA PARA ENCONTRARTE, RENACER Y DESCUBRIR LO QUE HAS VENIDO A SER".

Entonces, para ser Guía, te recomiendo que lo mejor es empezar a trabajar buscando tu Esencia, siendo referente para los demás. Y si aplicas todos los principios y consejos que te doy en el mismo, te aseguro que te convertirás en un auténtico guía para muchas personas.

Y te preguntarás, ¿cómo se consigue ser un guía? pues muy sencillo, tienes que volcar todos tus conocimientos, experiencias y actitudes, y mostrarlas al mundo. Basta ya de quedarse en segundo plano y no salir a la palestra, tienes potencial y, como te he dicho, has venido a brillar con luz propia. Por lo tanto, siempre tienes algo único, diferente y esencial que ofrecer al mundo.

Esa Esencia no puede quedar oculta, la tienes que mostrar, siendo ejemplo y referente de transformación.

Las personas buscan a un referente, un mentor, guía, da igual cómo quieras llamarlo, para que les ayude a superar sus conflictos, que no son diferentes a los tuyos y a los míos, y abordarlos de una manera tan fácil y sencilla que tu ayuda hacia ellos será única y exclusivamente altruista. Y ejemplo de lo que tú ya has superado y has aprendido en el pasado.

Y esto se hace contando tu historia, contando tus experiencias y cómo has superado todas y cada una de ellas sin, muchas veces, darte cuenta.

Puedes ser el mejor guía para tus hijos, para tus familiares, amigos, pero… si no te involucras y te expones al resto de la humanidad, estás cortando ese Tesoro, esa fuente que para muchos puede ser de gran ayuda.

Aunque, como te he recalcado varias veces, tienes que ser un buen ejemplo porque no puedes decir algo y luego no hacerlo.

Te lo cuento a continuación.

¿Seguimos?

Resumen "Guía".

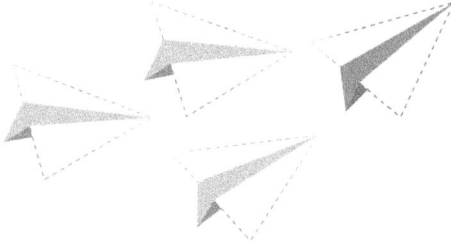

- Tu trabajo como líder debe de ser como el de un Sherpa, tienes que ser un guía experto en zonas tan complicadas como la alta montaña

- Entonces, para ser Guía, te recomiendo que lo mejor es empezar a trabajar buscando tu Esencia, siendo referente para los demás. A parte de ser ejemplo, que ya hablamos de ello, si aplicas todos los principios y consejos que te doy, te aseguro que te convertirás en un auténtico guía para muchas personas.

- Las personas buscan a un referente, un mentor, guía, da igual cómo quieras llamarlo, para que les ayude a superar sus conflictos, que no son diferentes a los tuyos, y abordarlos de una manera tan fácil y sencilla. Que tu ayuda hacia ellos será única y exclusivamente altruista y ejemplo de lo que tú ya has superado y has aprendido en el pasado.

MIS NOTAS SOBRE
"Ser guía"

11.

EJEMPLO

"Dar ejemplo no es la principal manera de influir en los demás, es la única".

Albert Einsten

Estarás de acuerdo conmigo, querido lector, que para ser un buen líder tienes que, como se suele decir, predicar con el ejemplo.

Con tus actos puedes ayudar a mucha gente, con tu actitud, energía, credibilidad, confianza y sobre todo haciendo lo que dices que haces y siendo coherente con ello.

Entonces, para ser un buen líder tienes que cuidar tus acciones diarias y la energía que transmites a los demás, ¿y cómo hacemos esto?

Con energía me refiero a que, como ya hemos visto en *En busca de tu esencia* tienes que potenciar tu verdadero Don, de forma íntegra, porque la clave de todo es que eres tú el principal protagonista para poder generar cambios en los demás. Y la única forma es haciendo lo que has venido a Ser sin excusas.

Por lo tanto te voy a indicar la mejor manera de contagiar a los demás, según las experiencias que he tenido, ya que me han dado buenos resultados en la gestión y el trabajo con equipos de trabajo.

Primero que nada hagamos un repaso de lo que hemos visto: hemos hablado de que para ser buen líder tienes que tener empatía, saber comunicar, practicar una buena escucha, ser asertivo, con responsabilidad, dar pasión y energía para, así, poder guiar al equipo.

Tienes que saber que todo lo anterior carece de sentido si no aplicas el ejemplo como base, ya que nadie te va a seguir si no eres un referente.

Por lo tanto, sé un referente para todos de esta manera:

1. Sé una persona enérgica, nadie te va a seguir si tu energía es baja. Para conseguir mantener una energía alta, la mejor manera es hacer ejercicio todos los días, mantener un rutina diaria cuidando tu alimentación e hidratación. Ya que si físicamente estás bien, vas a tener un grado extra de energía siempre.

2. Cero quejas, un líder no se queja ante nadie y evita la queja constante. Una forma muy correcta a la hora de evitar esa queja que muchas veces pasa por nuestros pensamientos es meditar y haciendo ejercicios de respiración, estarás más equilibrado.

3. Agradece por todo lo que tienes, no te enfoques en el futuro y en el pasado. Si estás en el presente te será mucho más fácil el gestionar equipos, ya que te ocupas de lo verdaderamente importante que es lo que ocurre aquí y ahora, y así escucharás y prestarás más atención.

4. Pon Pasión en todo lo que hagas y emprendas, pues esa pasión la contagias de manera directa al resto del equipo con entusiasmo.

5. Motívate todos los días, realiza un ritual de motivación diaria. Hay un ejercicio diario para subir tu autoestima que es ponerte frente al espejo y decirte en voz altas cosas positivas de ti, eres guapo, fuerte, valiente, capaz... Hablaremos más adelante del cómo motivar al equipo pero, primero, es muy importante que tú te motives.

6. Sé luz, sé el faro que ilumina tu propio camino. Si te conviertes en luz, iluminarás el camino a los demás. Para ser luz tienes que aplicar los anteriores puntos con total disciplina.

7. No te maltrates, practica el amor contigo, no seas tan exigente contigo y quiérete, ámate de manera incondicional, ya que nadie más lo hará como tú te amas. Si lo haces, podrás contagiar ese amor a los demás.

8. Sé fuerte, sé valiente en cada acto de tu vida y esa fortaleza, esa energía, se mostrará a los demás como poder a los demás.

Resumen del capítulo:

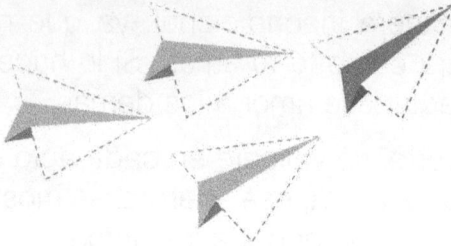

- Con tus actos puedes ayudar a mucha gente, con tu actitud, energía, credibilidad, confianza y, sobre todo, haciendo lo que dices que haces y siendo coherente con ello.

- Con energía tienes que potenciar tu verdadero Don, de forma íntegra, porque la clave de todo es que eres tú el principal protagonista para poder generar cambios en los demás, y la única forma es haciendo lo que has venido a Ser sin excusas.

- Pon Pasión en todo lo que hagas y emprendas, pues esa pasión la contagias de manera directa al resto del equipo con entusiasmo.

MIS NOTAS SOBRE
"**Ejemplo**"

12.

PROPÓSITO COMÚN

"Llegar juntos es el principio, mantenerse juntos es el progreso, trabajar juntos es el éxito".

Henry Ford

En el trabajo diario con equipos he aprendido que tienes que visualizar un objetivo en común, con todos los integrantes a los que quieras ayudar o guiar. Ya que esto es fundamental a la hora de conseguir el éxito en lo que emprendas.

Tienes que marcarte metas y objetivos realistas y que reten al equipo a conseguir, con eficacia, los objetivos.

Por lo tanto, tenemos que tener visión para labrar unos cimientos fuertes para el futuro y tienes que dedicar tiempo a generar la suficiente confianza para que el proyecto sea en una misma dirección para todos.

Aprende a tener una visión de futuro, porque si no sabes a donde ir, el equipo acabará frustrado. La visión es un proceso que aprendes, sé perseverante.

Dibuja un horizonte a largo plazo de lo que quieres conseguir para ti y tu equipo, y que esta visión sea de común acuerdo, con claridad y tomando acción.

Anima e involucra a todos los miembros a que cada aportación que hagan al grupo tiene un gran valor para poder conseguir el fin o propósito.

Hazles descubrir su propia Esencia, como yo he hecho contigo en *En busca de tu esencia*. Sabiendo ya la importancia que tiene para ti y lo enfocado que estás, ahora necesitas que el resto de compañeros esté al mismo nivel de conocimiento.

¿Recuerdas esa sensación de libertad y poder que sentiste cuando descubriste para qué venías a este mundo? Pues imagina esa sensación multiplicada por todos los integrantes del equipo.

Sabes ya que lo semejante atrae a lo semejante, pues de eso se trata, conseguirás... conseguirán el propósito y la meta siempre y cuando haya una sintonía en común con todos y entre todos.

Todo pasa por saber, como ya te he comentado, escuchar asertivamente y comunicarse para que, si hay discrepancias, que es algo muy sano, se solventen de la mejor manera posible. Siempre priorizando el bien del equipo y garantizando el propósito común.

Un buen líder debe actuar siempre así, ya que, de lo contrario, si busca el individualismo y el protagonismo, te va a costar el doble. Por lo tanto, no trabajes sin necesidad, trabaja por ti, por el equipo y por los demás, ofreciendo un bien común para todos.

Todo esto no lo lograrás si no confías en todos al 100 %, si no tienes confianza en el resto del grupo, ¿de qué te sirve llegar hasta el final?

A continuación te hablo de la importancia de la confianza en el liderazgo como base para conseguir el éxito.

Resumen "Propósito común":

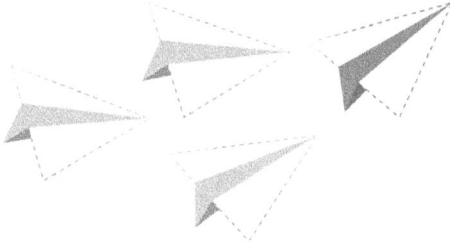

- Tienes que marcarte metas y objetivos realistas y que reten al equipo a conseguir, con eficacia, los objetivos.

- Hazles descubrir su propia Esencia, como yo he hecho contigo en *En busca de tu esencia*. Sabiendo ya la importancia que tiene para ti y lo enfocado que estás, ahora necesitas que el resto de compañeros esté al mismo nivel de conocimiento.

- Todo pasa por saber, como hemos dicho, escuchar asertivamente y comunicarse para que, si hay discrepancias, que es algo muy sano, se solventen de la mejor manera posible. Siempre priorizando el bien del equipo y garantizando el propósito común.

MIS NOTAS SOBRE
"Propósito común"

13.

CONFIANZA

"Entre las cualidades más esenciales del espíritu humano está la confianza en uno mismo y el crear confianza en los demás".

(Mahatma Gandhi)

En *En busca de tu esencia* hablamos del proceso por el que tienes que pasar para seguir alcanzando tus propósitos. Y encontrar tu propia esencia pasa, inevitablemente, por tener plena y total confianza en ti mismo.

Aquí, déjame decirte que sin confianza en ti mismo no podrás encontrar ningún camino, por lo tanto, tendrás que trabajarla a diario.

Para trabajar la confianza tienes que conocerte y seguir una serie de pasos que a continuación te detallo.

Tienes que, primero que nada, y ya te lo he comentado, quererte y amarte a ti primero y más que a nadie en este mundo porque, si no haces esto, que es básico, dudarás y no confiarás en ti.

Debes asumir que tú eres para ti mismo tu mejor aliado y amigo, que nadie más va a confiar en ti como tú.

No puedes hacer caso a tu mente, porque como confías en ti de corazón, no te puedes traicionar haciéndole caso a los pensamientos negativos.

Confía en ti, en que todo lo que realices lo vas a lograr. Con total seguridad, sin dudas, pase lo que pase, te ayudará y te animarás a conseguirlo.

La confianza significa que crees firmemente en la palabra y en los actos y que sabes, que pase lo que pase, no te vas a engañar y traicionar. Por lo tanto, tienes que ser así contigo mismo y repetirlo a diario.

Por lo tanto, si eres un buen Líder y llevas estos principios a la práctica sin condiciones, contagias, y te rodeas de gente cuya confianza será muy similar a la tuya.

La confianza es una acto de Fe, fe en ti y en todos, en todo lo que hagas y digas. Fe en todo lo que te propongas y hagas, tienes que tener la suficiente confianza de que lo vas a lograr, de que el equipo lo va a lograr.

Confiar a ciegas en ti más que en nadie, sin titubeos, sin dudas, es darte la oportunidad de saber que, si tú no tienes confianza en ti y crees en ti y en tus posibilidades, ¿quién más va a creer?

La confianza, por ejemplo, es ofrecer un producto o servicio y tener la suficiente certeza de que lo que ofreces es lo más correcto, y que con ello ayudas a los demás, dándole un valor añadido y teniendo mucha credibilidad.

La confianza es creer tanto en ti que cualquier reto que se le ponga por delante al equipo, van a ser capaces de afrontarlo y conseguir entre todos el éxito.

"Edison es el mejor ejemplo de lo que significa la confianza en sí mismo y la perseverancia. Cuando Edison fracasó más de mil veces antes de lograr hacer una bombilla, vio estos fracasos como las mil maneras incorrectas de fabricarla y siguió intentando hasta encontrar la correcta".

Y para tener éxito tienes que hacerlo ya, hazlo ahora, no esperes más. ¿Me sigues?

Te invito a que leas este cuento Zen para trabajar La Confianza

Puede ser, puedes ser.

En una lejana comarca allí donde el sol aparece cada mañana, vive Long Ching, un anciano de frágil cuerpecillo y larga barba blanca. Sus modales serenos y su palabra siempre cuidadosa y amable, hacen de él un hombre respetado por todos los que lo conocen, que incluso afirman que Long Ching fue en su juventud, iniciado en los misterios de la antigua sabiduría. Así que su prudencia y sobriedad es siempre objeto de admiración de todos los que lo conocen, incluido su propio y único hijo que con él vive.

Aquel día, los vecinos del poblado de Kariel se encontraban muy apenados. Durante la pasada tormenta, las yeguas de Long Ching había salido de sus corrales y escapado a las montañas, dejando al pobre anciano sin los medios habituales de subsistencia. El pueblo sentía una gran consternación por lo que no dejaban de desfilar por su honorable casa y decir repetitivamente a Long Ching:

—¡Qué desgracia! ¡Pobre Long Ching! ¡Maldita tormenta cayó sobre tu casa! ¡Qué mala suerte ha pasado por tu vida! Tu casa está perdida...

Long Ching, amable, sereno y atento, tan solo decía una y otra vez:

—Puede ser, puede ser...

Al poco, sucedió que el invierno comenzó a asomar sus vientos trayendo un fuerte frío a la región, y ¡oh, sorpresa! Las yeguas de Long Ching retornaron al calor de sus antiguos establos, pero en esta ocasión, preñadas y acompañadas de caballos salvajes encontrados en las montañas.

Con esta llegada, el ganado de Long Ching se había visto incrementado de manera inesperada.

Así que el pueblo, ante este acontecimiento y sintiendo un gran regocijo por el anciano, fue desfilando por su casa, tal y como era costumbre, para felicitarlo por su suerte y su destino.

—¡Qué buena suerte tienes anciano! ¡Benditas sean las yeguas que escaparon y aumentaron tu manada! La vida es hermosa contigo Long Ching...

A lo que el sabio anciano tan solo contestaba una y otra vez:

—Puede ser, puede ser...

Pasado un corto tiempo, los nuevos caballos iban siendo domesticados por el hijo de Long Ching que, desde el amanecer hasta la puesta del sol, no dejaba de preparar a sus animales para sus nuevas faenas. Podría decirse que la prosperidad y la alegría reinaban en aquella casa.

Una mañana como cualquier otra, sucedió que uno de los caballos derribó al joven hijo de Long Ching con tan mala fortuna que sus dos piernas se fracturaron en la caída. Como consecuencia, el único hijo del anciano quedaba impedido durante un largo tiempo para la faena diaria.

El pueblo quedó consternado por esta triste noticia por lo que uno a uno pasando por su casa, decía al anciano:

—¡Qué desgraciado debes sentirte Long Ching! —
le decían apesadumbrados—. ¡Qué mala suerte, tu
único hijo!¡Malditos caballos que han traído la desgracia a la casa de un hombre respetable!

El anciano escuchaba sereno y tan solo respondía
una y otra vez:

—Puede ser, puede ser...

Al poco, el verano caluroso fue pasando y cuando se divisaban las primeras brisas del otoño, una
fuerte tensión política con el país vecino estalló en
un conflicto armado. La guerra había sido decla-
rada en la nación y todos los jóvenes disponibles
eran enrolados en aquella negra aventura. Al poco
de conocerse la noticia se presentó en el poblado
de Kariel un grupo de emisarios gubernamentales
con la misión de alistar para el frente a todos los
jóvenes disponibles de la comarca. Al llegar a la
casa de Long Ching y comprobar la lesión de su
hijo, siguieron su camino y se olvidaron del mucha-
cho que tenía todos los síntomas de tardar en recu-
perarse un largo tiempo.

Los vecinos de Kariel sintieron una gran alegría
cuando supieron de la permanencia en el poblado
del joven hijo de Long Ching. Así que, de nuevo,
uno a uno fueron visitando al anciano para expresar la admiración que sentían ante su nueva suerte.

—¡Tienes una gran suerte querido Long Ching! —
le decían—. ¡Bendito accidente aquél que conser-
va la vida de tu hijo y lo mantiene a tu lado durante
la escasez y la angustia de la guerra! ¡Gran destino
el tuyo que cuida de tu persona y de tu hacienda

manteniendo al hijo en casa! ¡Qué buena suerte Long Ching ha pasado por tu casa! —El anciano mirando con una lucecilla traviesa en sus pupilas tan solo contestaba:

—*Puede ser, puede ser...*

Este cuento Zen, nos ilustra muy bien el hecho de que no debemos emitir juicios ni lamentarnos por lo que nos sucede en la vida; todo tiene una razón de ser. Es mejor fluir con las circunstancias, ya que lo que se presente es lo mejor que pudo suceder.

Confía en ti, confía en todos, confía en que todo es lo mejor.

Resumen "Confianza".

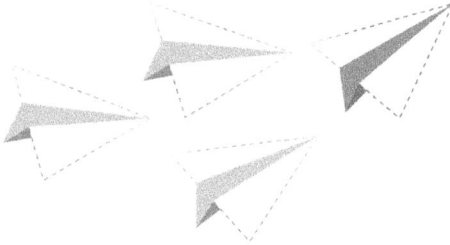

- Confía en ti, en que todo lo que realices lo vas a lograr con total seguridad, sin dudas, pase lo que pase, te ayudará y te animarás a conseguirlo.

- La confianza significa que crees firmemente en la palabra y en los actos y que sabes que, pase lo que pase, no te vas a engañar y traicionar. Por lo tanto, tienes que ser así contigo mismo y repetirlo a diario.

- Por lo tanto, si eres un buen Líder y llevas estos principios a la práctica sin condiciones, contagiarás y te rodearás de gente cuya confianza será muy similar a la tuya.

- La confianza es una acto de Fe, fe en ti y en todos, en todo lo que hagas y digas. Fe en todo lo que te propongas.

MIS NOTAS SOBRE
"Confianza"

14.

MOVIMIENTO

"La libertad es como el movimiento; no se define, se demuestra".

Émile de Girandin

Como te explicaba en *En busca de tu esencia*, el movimiento está presente en todas las cosas y en todo lo que suponga una acción. Por lo tanto, si quieres emprender y hacer algo en tu vida, tienes que tomar acción, tienes que moverte.

Por lo tanto, un buen líder es ejemplo y contagia a su equipo moviéndose. Aunque lo veas como algo tan simple y básico, es muy importante que tomes consciencia de que, si te quedas quieto, nada ni nadie va a venir y va a hacer lo que quieras hacer por ti.

Observa el gesto de un perro cuando sale de su caseta después de dormir, ¿qué es lo primero que hace? Estirarse lo más que puede y moverse.

Pues eso es lo que tú tienes que hacer como ser humano, estírate todo lo que puedas, cuida tu cuerpo, haz ejercicio, muévete y levántate del sillón. No te pongas cómodo, ponte a trabajar en ti, en tus movimientos. Sal a la calle, disfruta del regalo que te trajo hoy la vida, camina, salta, baila, sube montañas, nada en la playa, conecta contigo mismo.

Todo es movimiento y esto trae consecuencias saludables y, por repetición, las impondrás como algo innato en tu vida.

Sal de la zona cómoda de confort y aventúrate a una vida en movimiento, pues la recompensa es mucho mayor de lo que tú te crees. Tendrás una mente más clara y positiva, tu actitud ante las cosas cambiará, tus emociones se verán reforzadas. Todo esto porque simplemente has hecho algo muy básico, moverte, porque no hemos sido diseñados para quedarnos quietos y estáticos.

El movimiento lo ves, por ejemplo, en disciplinas orientales como el Tai-chi, el yoga, y estas disciplinas están completamente conectadas con el movimiento y con la energía que movemos al realizar y combinarlos con la respiración.

Abre los ojos, agradece por el nuevo día, es un regalo. Estírate lo más que puedas, bebe agua, sal a caminar y contempla el amanecer. Esa es la rutina que yo hago todos los días, sin excusas, y te aseguro que ya no lo puedes dejar porque los beneficios son mayores que el trabajo de hacerlo. Muévete, hazlo, hazlo ya, tu esencia te está esperando.

Si permaneces estático con tu equipo nada va a pasar y nunca será ese momento adecuado, perfecto para tomar la decisión de ponerse en acción.

Tienes que ver el momento siempre como si fuera el mejor y el perfecto para tomar acción. Como ya te he dicho, es aquí y ahora lo único que existe, por lo tanto, si tienes esto claro y eres consciente de ello, comprobarás que solo podrás tomar acción ahora y no hay miedo posible a nada. Te repito, y perdona si te canso con esto, pero es tu mente la que te intenta proteger de algo que no necesita protección sino decisión, y que si sale del corazón, pues lo harás con mucha pasión.

Créeme y hazlo ya, sé valiente y no lo postergues más, toma la decisión, no lo pienses mucho. No te justifiques diciendo que quizás mañana, cuando estés mejor económicamente, cuando tengas mejor salud, cuando... cuando nada. Olvídate, eso lo dice tu mente, tú eres más que todos esos pensamientos que te paralizan, por lo tanto, se paralizarán los demás.

Ejemplo de movimiento con el arte de la danza.

Busca, no afuera, busca en tu interior, vale la pena, créeme. Vale la pena lanzarse, vivir una vida intensa y luego decir, lo conseguí, por fin, lo hice. Y no hay mayor satisfacción que esa, que vencer a tus miedos, que ganar el pulso a tus pensamientos. Con emoción gritar, salir y coger las riendas, y decir: "basta, sí quiero, sí quiero y lo quiero ya, no puedo esperar más a que pase ningún tren, me subo al primero que pase y no me voy a bajar hasta que consiga mis anhelados sueños".

Por lo tanto, amigo, no te justifiques, no dejes que tu mente te siga dominando ¿Qué quieres para ti? recordar que algún día pudiste cambiar pero, por comodidad y miedos, no lo hiciste e hipotecaste para siempre tu vida y la de tu equipo. ¿Y dejar huella e iluminar cualquier camino con tu luz?

Ejercicio:

Con los equipos de trabajo puedes hacer un *team building* o alguna actividad fuera del entorno, preferiblemente en la naturaleza, y hacer algún tipo de juegos que fomenten el trabajo en equipo y el movimiento.

Hacer senderismo, ir de caminata… Sal de tu hábitat natural, descubrir otros entornos para compartir con tu equipo y compañeros es lo más sano que puedes hacer.

Si quieres algún consejo puedes entrar en mi página web: **www.abrahamportocarreroalvarez.com** y te amplío la información.

Resumen "Movimiento":

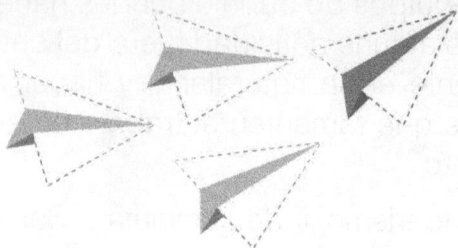

- Por lo tanto, un buen líder es ejemplo y contagia a su equipo moviéndose. Aunque lo veas como algo tan simple y básico, es muy importante que tomes consciencia de que, si te quedas quieto, nada ni nadie va a venir y va a hacer lo que quieras hacer por ti.

- Si permaneces estático con tu equipo, nada va a pasar y nunca será ese momento adecuado, perfecto para tomar la decisión de ponerse en acción.

- El movimiento lo ves, por ejemplo, en disciplinas orientales como el Tai-chi, el yoga, y estas disciplinas están completamente conectadas con el movimiento y con la energía que movemos al realizar y combinarlos con la respiración.

MIS NOTAS SOBRE
"Movimiento"

15.

POSITIVISMO

"Un pequeño cambio positivo puede cambiar tu día entero o tu vida entera".

Nishant Grover

Querido lector, ya hemos hablado de que para ser un buen líder debes practicar la empatía, saber comunicarte y escuchar. Ser asertivo y tener responsabilidad en lo que emprendas con el conjunto, metiendo pasión, guiando y siendo un verdadero ejemplo. Confiando en todos, en ti y en que lo que sucede es siempre lo mejor.

Ahora vamos a ver que a toda esta receta hay que añadirle una cualidad muy importante, para luego poder motivar a los demás, es ser positivo.

El pensamiento positivo nos ayuda a ver y a sentir a las personas y las diferentes situaciones como oportunidades, nunca como amenazas. ¡La actitud positiva se entrena! Se pueden generar acciones positivas identificando y fomentando situaciones que nos provocan emociones positivas e identificando y evitando situaciones que nos provocan emociones negativas que sean controlables, y minimizando el efecto negativo de las que no controlamos. No debemos olvidar que los mejores resultados los obtenemos cuando tenemos una Actitud positiva y la asociamos a una Acción positiva.

El Positivismo es importante pues es esa fuerza interior que nos impulsa a tener una acción desde la perspectiva positiva para mejorar.

No se trata de ver todo de "color de rosa", sino que, siendo realistas y objetivos, elijamos aquellas cosas que todos tenemos en nuestras vidas, que van bien, y lleguemos a apoyarnos en ellas para lograr nuestros objetivos.

La vida es bonita y especial, y será así si decidimos comprometernos conscientemente, momento a momento, en "hacerla" bonita y especial.

Quizá ese sea el gran reto de nuestra existencia. Ante circunstancias similares elegimos como las vivimos y qué sentido damos a esas experiencias. Ver todo lo bueno como un regalo y que toda adversidad puede servir para aprender, crecer y mejorar como personas, es el secreto para ser una persona positiva.

Las personas positivas:

- Poseen un excelente nivel de autoconfianza.

- Son responsables de sus actos.

- Visualizan sus metas.

- Son perseverantes y resolutivos.

- Tienen mentalidad constructiva.

- Desarrollan una actitud de servicio constante.

- Son especialistas en ver y disfrutar de todo lo bueno de la vida.

- Las personas positivas recuerdan constantemente que "cada época de su vida puede ser la mejor"

"La actitud positiva no puede hacerlo todo, pero sí puede hacer que todo lo hagamos mejor".

En tu vida, querido lector, tienes que ser reconocido como una persona positiva. Si quieres ser ejemplo y un referente, tienes que sacar todo ese potencial de buenas acciones y buen carácter para que los demás se contagien.

El buen líder nunca puede ser una persona tóxica y negativa, debe actuar como el mejor referente y ejemplo a seguir practicando la humildad y la compasión. Sé agradecido con la vida. Agradece cada día lo que la vida te da, los dones que tienes y las personas maravillosas que tienes a tu alrededor.

- Agradece por lo que tienes, no lo que no tienes, ya sea material, personal, salud...

- Disfruta de las cosas simples: un amanecer, una comida, una tarde en familia.

- Aprecia la vida. Al final de cada día, repasa todo lo bueno que te ha pasado ese día y anótalo.

- Sustituye los pensamientos negativos por positivos. Mantén a raya a tu mente.

- Vive en el aquí y el ahora. No te preocupes demasiado por el pasado ni por el futuro.

- No veas ni leas noticias, no te aportan nada positivo.

- Rodéate de personas positivas.

- No te sumerjas en el victimismo y la queja.

- No critiques. No juzgues.

- Observa a las personas desde la compasión. Busca el lado bueno de cada persona.

- Demuestra a los demás el amor que sientes por ellos. Dales un abrazo, una sonrisa...

- Lucha por tus sueños. Busca tu propia Esencia. Plantéate metas e ilusiónate con ellas.

- Observa los problemas como metas a superar y oportunidades para aprender.

- Observa el fracaso como un pequeño paso en el camino hacia el éxito.

- Date cuenta de que todo es posible en tu vida, tú actitud positiva definirá el éxito que alcances.

Para ser un líder positivo tienes que creer en ti mismo.

Para poder obtener los resultados que anhelas debes fortalecer la confianza en ti mismo y, por supuesto, en los sueños que deseas alcanzar.

El mundo te llamará loco y rebelde. Te dirán que no lo vas a lograr, intentarán convencerte de que los sueños no se pueden alcanzar.

Así que no esperes que el mundo te crea, la primera y única persona que debe creer en ti, eres tú mismo.

Un líder con éxito siempre ve el lado positivo de los demás. La clave de las buenas relaciones radica en ver los detalles extraordinarios de quienes te rodean.

Un líder positivo es capaz de ver los dones y habilidades de los integrantes de su equipo, aunque ellos no las hayan notado.

Ya que descubriste el lado positivo de los demás, tu labor como líder es ayudarlos a usar esos dones a favor de sus sueños.

No existe recompensa más grande que la de ayudar a otros a vivir una vida en su máximo esplendor.

Un líder positivo ve oportunidades en todas partes. No olvides que la oportunidad está donde tú la busques. Aprende que si las oportunidades no se te presentan, debes ser tú quien las genere. De este modo, te encontrarás rodeado de magníficas oportunidades para alcanzar el éxito.

Recuerda que a las personas que dicen "NO" todo el tiempo, nunca les sucede nada trascendente en su vida. "Donde estás tú, está la oportunidad".

Un líder extraordinario se enfoca en las soluciones. La mayoría de las personas siempre ven problemas y nunca soluciones.

Los expertos dicen que las mayores transferencias de riqueza de toda la historia ocurrieron en los momentos de crisis. Esto significa que aquellos que ven soluciones y las aplican, son quienes terminan convirtiéndose en personas exitosas.

"Gracias a la persistencia y tenacidad de Howard es que hoy en día podemos disfrutar de un delicioso café de Starbucks mientras trabajamos en nuestra computadora. Y es que para Schultz fue muy difícil encontrar un inversionista que creyera en su idea, fue rechazado 214 veces antes de encontrarlo".

Así que identifica un problema, aplica una solución y multiplica esa solución con la mayor cantidad de gente posible. Conviértete en un solucionador de problemas.

Un buen líder desea dar. La regla número uno de la generación de riqueza es: da lo que esperas recibir.

Una persona que desea alcanzar el éxito debe convertirse en alguien generoso. He aprendido que rara vez la gente que brinda algo positivo al mundo tiene conflictos en su vida. El mejor consejo que puedo obsequiarte es: Da al mundo tus dones.

Un líder positivo es sumamente persistente. Las personas que hoy conocemos como agentes de cambio, líderes extraordinarios, millonarios, visionarios, etc., son aquellos que se aferraron a sus sueños, pagaron el precio del éxito y estuvieron dispuestos a dar todo de sí.

La mejor fórmula para alcanzar tus sueños es la de ser persistente hasta haber logrado tu cometido. Tus sueños son esa parte de tu vida que te inspira a dejar un legado, te motiva a vivir al máximo y te hace diferente a los demás.

Un líder positivo es responsable. Tus sueños no deben implicar sacrificio, más bien deben ser el combustible que te conduzca a vivir una vida plena y feliz.

La mejor forma de tomar las riendas de tu vida es hacerte responsable de la misma.

Resumen "Positivismo":

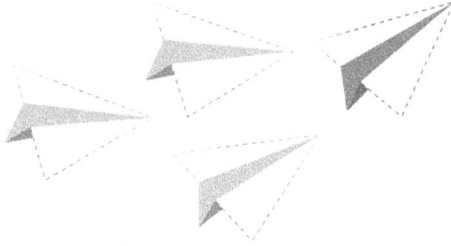

- En tu vida tienes que ser reconocido como una persona positiva. Si quieres ser ejemplo y un referente tienes que sacar todo ese potencial de buenas acciones y buen carácter para que los demás se contagien.

- Un líder positivo es sumamente persistente. Las personas de éxito que hoy conocemos son aquellos que se aferraron a sus sueños, pagaron el precio del éxito y estuvieron dispuestos a dar todo de sí.

- La mejor fórmula para alcanzar tus sueños es la de ser persistente hasta haber logrado tu cometido. Tus sueños son esa parte de tu vida que te inspira a dejar un legado, te motiva a vivir al máximo y te hace diferente a los demás.

MIS NOTAS SOBRE
"Positivismo"

16.

PIENSA EN GRANDE

"Apunta a la luna. Si fallas, podrías dar a una estrella".
William Clement Stone

Querido lector, como ya hemos visto en *En busca de tu esencia,* tienes que pensar en grande si quieres seguir en el camino de tu propia esencia, brillando con luz propia, siendo único y diferente.

Para conseguir tus metas tienes que ver todo desde una perspectiva más elevada, destacando, siendo la mejor versión de ti mismo.

Solo hay una manera de ser feliz, ser auténtico, ser especial y es llegando primero que los demás y con disciplina a tus objetivos, para luego contagiarlos de tu misma Esencia.

Si tienes mirada de águila, conseguirás lo que te propongas porque no tendrás miedo de nada, no dudarás, ya que estás en la posición del cazador, no de la presa.

Volar alto significa que tienes que renunciar a ser mediocre y conformarte, renunciar a una vida de confort, lineal, sin emociones, carente de éxitos.

Es pasar de pensar en pequeño a pensar en grande, en que tú eres más fuerte que tus pensamientos, eres más grande que cualquier adversidad, que todo lo que pase por tu vida es un regalo que tienes que agradecer y disfrutar.

Somos capaces de cosas tan extraordinarias como pisar la Luna.

Se lo debes a la vida pero, principalmente, te lo debes a ti porque te mereces la mejor de las vidas. Te mereces tener lo que buscas y lo que has venido a hacer y a aportar.

Desde arriba se ven las cosas desde una perspectiva mucho más global, ves que, en realidad, todo está bajo tu control, que tú eres el dueño de lo que te sucede y de todo lo que gira alrededor de ti.

Eres el Alfa y el Omega de tu vida, pero te lo tienes que creer, tienes que vivirlo y ser consciente de ello.

Eres un Dios, pero no has descubierto aún tu poder ilimitado, para ello tienes que tomar acción y ser un líder auténtico que domine a las masas. No de forma autoritaria, ni mucho menos, sino desde el ejemplo, con amor, practicando la gratitud y la compasión.

Cuento Zen "El cielo y el infierno":

Un guerrero de fama y fuerte carácter, luego de recorrer un largo camino, se dirige a una escarpada montaña, lugar de habitación de un solitario y sabio maestro del budismo (probablemente un sacerdote). Cuando llega a la morada del sabio, luego de una agotadora jornada, saluda respetuosamente al monje, el cual guarda silencio sin moverse de su posición. Luego le dice:

—He venido hasta aquí desde muy lejos para saber de un sabio como Usted ¿cuál es el camino hacia el cielo y el infierno?

El monje impasible mantuvo el silencio sin mirarlo siquiera. El guerrero algo irritado le increpa diciendo:

—¡He subido esta escarpada montaña, he recorrido un largo camino en busca de sabiduría y quiero que me responda ¿cuál es el camino entre el cielo y el infierno?

El monje no mostró siquiera un cambio de actitud, como si fuera una escultura. El guerrero reaccionó sulfurado e iracundo diciendo:

—¡¡He hecho un gran esfuerzo por estar aquí, no permitiré que me faltes así el respeto!! —Y levantó su espada con la cierta intención de darle muerte.

En ese momento el monje levanta su mano indicando con su dedo índice al guerrero y exclama con voz firme:

—¡Ese es el camino del infierno! —Sorprendido y avergonzado el guerrero envaina lentamente su espada. El monje con voz tranquila le dice:

—Ese es el camino del cielo.

Te muestro este cuento para que sepas bien elegir tu camino, de ello depende que consigas el éxito o no. Por eso te digo que si tus miras son altas, tu elección seguramente no será la equivocada, ya que te habrás caído muchas veces y habrás aprendido la lección.

Una de las características más importantes que tiene un líder es el de motivador, te explico a continuación cómo motivarte y cómo motivar a los demás, ¿me sigues?

Resumen "Piensa en Grande":

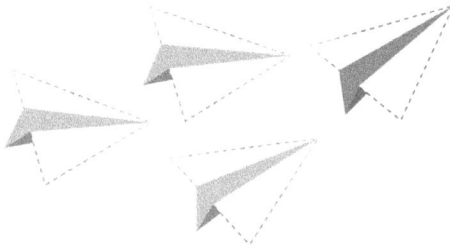

- Para conseguir tus metas tienes que ver todo desde una perspectiva más elevada, destacando, siendo la mejor versión de ti mismo.

- Solo hay una manera de ser feliz, ser auténtico, ser especial y es llegando primero que los demás y con disciplina a tus objetivos, para luego contagiarlos de tu misma Esencia.

- Desde arriba se ven las cosas desde una perspectiva mucho más global, ves que, en realidad, todo está bajo tu control, que tú eres el dueño de lo que te sucede y de todo lo que gira alrededor de ti.

MIS NOTAS SOBRE
"Piensa en grande"

17.

MOTIVACIÓN

"Una persona motivada es más poderosa ante los pensamientos negativos".

Abraham Portocarrero

La motivación es algo que deberías llevar de forma intrínseca en tu vida, como una herramienta más para poder alcanzar tus metas u objetivos.

Pero no todo el mundo tiene la capacidad para motivarse y para motivar a los demás, no todo el mundo es un guía, un líder que contagia a los demás. No todo el mundo quiere asumir este rol, sobre todo porque ser un gran motivador significa que primero tienes que motivarte mucho a ti mismo.

Motivarte no significa que un día tengas un cierto grado de entusiasmo por hacer una actividad, no es así de simple. Tienes que implicarte en todo momento, tomando acción y siendo responsable de todos tus actos, pero siempre focalizados desde un punto de vista en el que te llenes de energía, a pesar de las circunstancias.

El motivarte por cosas tan simples que haces a diario como, por ejemplo, levantarte e ir a caminar. Es un acto que requiere de una cierta dosis de motivación, solo por el hecho que supone el levantarte y madrugar, cambiar tu comodidad por ponerte incómodo. Esa es la base de la motivación, puesto que tu mente te la jugará y te dirá: "con lo buena que está la cama, un ratito más y luego voy, luego lo hago". Esto significa que nunca vas a ir y nunca lo harás.

La motivación está en tu interior porque es donde residen las emociones y la pasión genera una motivación extra y añadida a cada acción que tomes.

La motivación no reside por un largo periodo de tiempo en nuestra mente, pero podemos cambiar todos esos pensamientos negativos por positivos solo con nuestra actitud.

Rafa Nadal, tenista profesional, ejemplo de lo que es tener una verdadera motivación y concentración.

Todo depende de cómo afrontes el día a día. Si quieres estar en el papel de víctima, quejándote y afligiéndote, dándole más poder a pensamientos derrotistas y que no te dejan crecer y seguir adelante. O, por el contrario, te llenas de valor, coges las riendas de tu vida, apagas esos pensamientos limitantes y te enfocas solo y únicamente en todo lo bueno y positivo que tiene tu vida, que lo hay, y mucho además.

Solo tienes que ver un poco más allá, siendo tú mismo, con tu propia esencia. Solo hay dos opciones posibles: hacerle caso a tu mente, que te limita o hacerle caso a tu corazón.

Pregúntale entonces a tu corazón y ahí hallarás todas tus respuestas. Desde ahí podrás motivarte, desde ese momento te podrás motivar a ti y motivar a lo demás porque no estarás condicionado, ¿entiendes lo que digo?

La motivación es, cien por cien, actitud ante los retos que te presenta la vida, ante los desafíos, los problemas, las circunstancias. Eso es ser motivador, ver siempre la cara amable de las cosas y, cuando son grises, le das el color, el brillo, la luz, la energía que has venido a traer a los demás y a contagiar.

Motívate y el motivar a los demás te saldrá innato. Los demás verán algo en ti, te seguirán y te lo agradecerán.

La motivación se hace día a día, cuando te levantas por la mañana y sales a caminar o cuando tienes que hacer una tarea que te da pereza. Entonces, cuando te pasa esto, tira de la motivación, sé tú mismo la motivación llenándote de energía, siendo un buen ejemplo en tus actos comunes, predicando con la palabra y, sobre todo, sacando esa fuerza extra de tu interior, de tu verdadera Esencia.

A continuación te voy a hacer un resumen de lo que hablamos en *En busca de tu esencia* que te ayudará a afrontar esta parte de motivación de la mejor manera posible.

Has comprobando que la vida no es solo esto, que hay algo que va más allá de la explicación con palabras, que sientes una energía, una vibración que lo mueve todo y que está en todo.

Científicamente hemos estado empeñados en mirar al cielo, al universo e investigar cuál es nuestro origen, cuál es nuestra raíz y dónde está, quiénes somos y cómo nos hemos formado desde una simple célula, es decir, de la nada.

Y lo hemos olvidado, hemos olvidado que Dios está en todas las cosas, en todos los seres vivos, en todos nosotros, está en ti, en tu interior.

"Somos Dioses lo que lo hemos olvidado", decía Jesús de Nazaret.

Ya no busques más afuera, querido lector, Dios vive, y vive en ti, en cada célula de tu cuerpo. Por lo tanto, si está en ti, Tú eres Dios, eres la energía que mueve al mundo. Y si entiendes y comprendes esto, ya no tienes que buscar afuera porque ya lo tienes dentro, y existe una conexión con los otros seres y cosas porque ahí están también.

Si todos lo viéramos así, el amor y la compasión serían tan grandes y potentes que moveríamos entre todos el mundo.

El principal problema es que nos han hecho creer que Dios es malo, que hay pecados, que castiga, que es mucho más grande que todo. Y esto nos ha condicionado, por lo tanto, lo hemos olvidado.

Si tú sabes que eres Dios y tienes capacidades increíbles dentro de ti, ya tienes todas las respuestas para afrontar cualquier problema en tu vida. Con ese poder te invito a que hables contigo mismo todos los días, por medio de la meditación, sumamente importante, porque ahí es donde vas a conectar con la fuente, con Dios, y te va a ayudar.

Esto no es otra cosa que un acto de Fe, fe en ti mismo, en que si eres Dios/Diosa vas a conseguir todo, pero no solo con fe lo lograrás, es tomando acción como verás maravillas en tu vida y la de los demás.

Por lo tanto, querido lector, te preguntarás y ¿qué tiene que ver esto con el liderazgo y la motivación en concreto? pues déjame decirte que el principal líder de todos los tiempos fue Jesús de Nazaret, por lo tanto, en sus enseñanzas, creas o no, está la llave de todas las sabidurías que actualmente debemos aplicar en nuestros equipos. Porque vienen de la humildad, de la compasión y, sobre todo, desde el amor hacía los demás que es lo que debes aplicar.

La verdadera Motivación radica en el agradecer, por todo, absolutamente todo lo que te sucede en esta vida, desde el trabajo que tienes, la casa, el coche, la salud...

Tu trabajo como líder consiste simplemente en transmitir la Esencia a toda persona con la que entres en contacto, y eso te lo enseño a continuación, ¿me acompañas?

Resumen "Motivación":

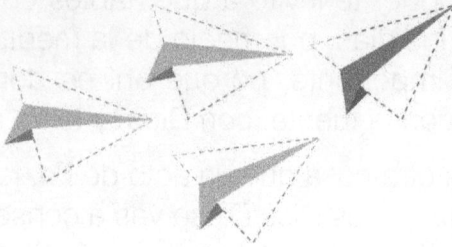

- La motivación es algo que deberías llevar de forma intrínseca en tu vida, como una herramienta más para poder alcanzar tus metas u objetivos.

- Motívate y el motivar a los demás te saldrá innato, los demás verán algo en ti, te seguirán y te lo agradecerán.

- La verdadera Motivación radica en el agradecer, por todo, absolutamente todo lo que te sucede en esta vida, desde el trabajo que tienes, la casa, el coche, la salud...

RECORDATORIO DEL LIDERAZGO:

Este resumen te sirve de guía práctica de consulta para cuando tengas alguna duda con respecto a tu Liderazgo.

Liderazgo es la capacidad o habilidad que tenemos todas las personas para guiar, con nuestro ejemplo, a una o varias personas a conseguir un propósito común.

Todos poseemos la capacidad de ser líderes, porque seguro que hay alguien en este planeta al que, directa o indirectamente, habrás ayudado.

Tienes que apostar por un liderazgo que salga desde el corazón, un liderazgo auténtico.

Trabajar siempre desde tu interior, desde tu Esencia que es aquel don que tenemos todas las personas, muchas veces sin ser conscientes de ello. Esa manera única que poseemos de realizar cualquier tipo de actividad o servicio con nuestro propio sello que contribuye a mejorar o beneficiar la vida de los demás.

Tienes que utilizar, querido lector, un lenguaje positivo a la hora de comunicarte con los demás. Esto es una base fundamental a la hora de ejercer un buen liderazgo con las personas.

La comunicación con corazón es a donde tenemos que llegar todos, como bien te decía antes, todos somos uno, entonces... ¿por qué no me voy a comunicar bien al otro si, en realidad, no hay otro sino que soy yo? es una incongruencia ¿verdad?

Sé un Líder comunicador, transmite tu mensaje a los demás, busca en tu interior y ten la certeza de que será el más acertado y correcto posible.

Tienes que adoptar una actitud receptiva y de escucha, atendiendo las necesidades, sirviendo de corazón a las personas, ayudando en el proceso que tiene cada uno, que es diferente y requiere de una cierta pericia para poder abordarlo.

Para ello necesitas conocer al otro mediante la escucha empática, y la conseguimos estando en el momento presente y conectando con la otra persona, sintiendo nuestra respiración con la suya.

Tiene que haber algo más que palabras y escucha en el trato entre personas, entre líderes. Tiene que haber sentimientos y emociones, mirar a los ojos de la otra persona y ver más allá, ver dentro de su interior, de su Esencia.

Cuando eres y sabes que eres responsable de cada uno de tus actos en esta vida, entonces comprenderás mucho de lo que significa ser Líder y dueño de todo lo que sucede a tu alrededor.

Si quieres ser un buen líder, hoy es el día, no mañana. Hoy es el día en el que tienes que cambiar, tiene que ser ya, hoy. Aquí y ahora porque mañana es muy tarde y no lo harás, es hoy, ahora o nunca, y tienes que comprometerte y responsabilizarte sin excusas.

La grandeza a la que debes aspirar se mide por el grado de responsabilidad que tienes a la hora de enfrentarte a tus tareas diarias, a cómo afrontas lo retos, los problemas...

La Pasión es una de las emociones más importante para conseguir tu propósito en esta vida, tu esencia. La pasión es una emoción que, aplicada en el liderazgo, es sumamente importante. Sin pasión por lo que haces, por lo que estás haciendo ahora, no hay posibilidad alguna que contagies a los demás. El buen líder es pasional, es auténtico y transmite pura pasión. ¿cómo? amando lo que hace, trabajando cada día para mejorar su vida y la de los demás, siendo ejemplo de constancia y positivismo, haciendo lo que muy pocos hacen con verdadera responsabilidad.

La principal función de un líder es ser ejemplo y guiar a su equipo a ganar batallas, a tener éxitos ilimitados, a ayudarles a subir cada peldaño en busca de la cima de un propósito común.

Tienes que apoyar, y la mejor manera de hacerlo es, como ya te he dicho, siendo ejemplo. Entonces, aunque seas de la manada y no el líder, no importa, tu papel es muy importante ya que contagiarás igualmente a los demás.

Exigir al equipo significa que tienes que generar la suficiente energía en común para poder remover y hacer que trabajen en lo que les gusta desde la pasión y con pasión. Esto quiere decir que tienes que guiarlos por un camino que sea duro y exigente, pero que a la vez reconforte a todos por igual, esa es la clave de ser un verdadero líder que los guía.

Tu trabajo como líder debe de ser como el de un Sherpa, tienes que ser un guía experto en zonas tan complicadas como la alta montaña.

Entonces, para ser Guía, te recomiendo que lo mejor es empezar a trabajar buscando tu Esencia, siendo referente para los demás. A parte de ser ejemplo, que ya hablamos de ello, y si aplicas todos los principios y consejos que te doy, te aseguro que te convertirás en un auténtico guía para muchas personas.

Las personas buscan a un referente, un mentor, guía, da igual cómo quieras llamarlo, para que les ayude a superar sus conflictos, que no son diferentes a los tuyos, y abordarlos de una manera tan fácil y sencilla que tu ayuda hacia ellos será única y exclusivamente altruista. Y ejemplo de lo que tú ya has superado y has aprendido en el pasado.

Con tus actos puedes ayudar a mucha gente, con tu actitud, energía, credibilidad, confianza y, sobre todo, haciendo lo que dices que haces y siendo coherente con ello.

Con energía, tienes que potenciar tu verdadero Don, de forma íntegra, porque la clave de todo es que eres tú el principal protagonista para poder generar cambios en los demás, y la única forma es haciendo lo que has venido a Ser sin excusas.

Pon Pasión en todo lo que hagas y emprendas, pues esa pasión la contagias de manera directa al resto del equipo con entusiasmo.

Tienes que marcarte metas y objetivos realistas y que reten al equipo a conseguir, con eficacia, los objetivos.

Hazles descubrir su propia Esencia, como yo he hecho contigo en *En busca de tu esencia*, sabiendo ya la importancia que tiene para ti y lo enfocado que estás, ahora necesitas que el resto de compañeros esté al mismo nivel de conocimiento.

Todo pasa por saber, como hemos dicho, escuchar asertivamente y comunicarse para que, si hay discrepancias, que es algo muy sano, se solventen de la mejor manera posible. Siempre priorizando el bien del equipo y garantizando el propósito común.

Confía en ti, en que todo lo que realices lo vas a lograr, con total seguridad, sin dudas. Pase lo que pase te ayudará y te animará a conseguirlo.

La confianza significa que crees firmemente en la palabra y en los actos y que sabes que, pase lo que pase, no te vas a engañar y traicionar. Por lo tanto, tienes que ser así contigo mismo y repetirlo a diario.

Por lo tanto, si eres un buen Líder y llevas estos principios a la práctica sin condiciones, contagiarás y te rodearás de gente cuya confianza será muy similar a la tuya.

La confianza es un acto de Fe, fe en ti y en todos. En todo lo que hagas y digas, fe en todo lo que te propongas.

Por lo tanto, un buen líder es ejemplo y contagia a su equipo moviéndose. Aunque lo veas como algo tan simple y básico, es muy importante que tomes consciencia de que, si te quedas quieto, nada ni nadie va a venir y va a hacer lo que quieras hacer por ti.

Si permaneces estático con tu equipo, nada va a pasar y nunca será ese momento adecuado, perfecto para tomar la decisión de ponerse en acción. El movimiento lo ves, por ejemplo, en disciplinas orientales como el Tai-chi, el yoga, y estas disciplinas están completamente conectadas con el movimiento y con la energía que movemos al realizar y combinarlos con la respiración.

En tu vida tienes que ser reconocido como una persona positiva. Si quieres ser ejemplo y un referente, tienes que sacar todo ese potencial de buenas acciones y buen carácter para que los demás se contagien.

Un líder positivo es sumamente persistente. Las personas de éxito que hoy conocemos son aquellos que se aferraron a sus sueños, pagaron el precio del éxito y estuvieron dispuestos a dar todo de sí.

La mejor fórmula para alcanzar tus sueños es la de ser persistente hasta haber logrado tu cometido. Tus sueños son esa parte de tu vida que te inspira a dejar un legado, te motiva a vivir al máximo y te hace diferente a los demás.

Para conseguir tus metas tienes que ver todo desde una perspectiva más elevada, destacando, siendo la mejor versión de ti mismo.

Solo hay una manera de ser feliz, ser auténtico, ser especial y es llegando primero que los demás y con disciplina a tus objetivos, para luego contagiarlos de tu misma Esencia.

Desde arriba se ven las cosas desde una perspectiva mucho más global, ves que, en realidad, todo está bajo tu control, que tú eres el dueño de lo que te sucede y de todo lo que gira alrededor de ti.

La motivación es algo que deberías llevar de forma intrínseca en tu vida, como una herramienta más para poder alcanzar tus metas u objetivos.

Motívate y el motivar a los demás te saldrá innato, los demás verán algo en ti, te seguirán y te lo agradecerán.

La verdadera Motivación radica en el agradecer, por todo, absolutamente todo lo que te sucede en esta vida, desde el trabajo que tienes, la casa, el coche, la salud...

Querido lector, coge toda esta información y aprende de ella cada vez que te sientas en la necesidad.

18.

GENERA EL HÁBITO

"Primero hacemos nuestros hábitos,
y luego nuestros hábitos nos hacen."

John Dryden

A partir de ahora, vamos a pasar a una guía práctica para que la apliques en tu vida a diario.

Estudios científicos dicen que para tener y generar un hábito debemos realizarlo al menos veintiún días seguidos. Como sé que la mente te juega malas pasadas y no tiene la costumbre de ponerte incómodo, a mi entender, es preferible que hagas cuarenta y dos días seguidos esa rutina: veintiún rutinarios y veintiún más de refuerzo, y así siempre y sin excusas.

Por lo tanto, tienes que empezar por construir hábitos positivos, como ya te he aconsejado, ya que construir ese tipo de hábitos no solo te hará un mejor líder cada día, sino que cambiará para siempre tu vida. El poder de los hábitos es enorme, ya has leído y escuchado al respecto, pero no lo dejes ahí, vívelo.

Percibe cómo se transforma tu vida, un hábito a la vez. Siente cómo se forja tu carácter, se fortalece tu autoestima y tu confianza en ti mismo. Ahí está el verdadero poder de una persona exitosa: en sus hábitos positivos.

¿Por qué hago énfasis en los positivos? Porque hay hábitos negativos y esos son los que no cuestan trabajo. De hecho, a veces caemos en ellos sin darnos cuenta siquiera: Alimentarse mal, ver televisión y gastarte todo tu sueldo cada mes en cosas innecesarias.

Esos hábitos son los negativos y duele aceptarlo, pero algunas veces uno cae en ellos sin percatarse. No se trata de que hagas el esfuerzo de eliminarlos, no se logra mucho con eso.

Yo lo que te propongo es que mejor te enfoques en los hábitos positivos. Y, poco a poco, integres uno a uno a tu vida. Muy pronto ya no tendrás tiempo para esos hábitos negativos.

Mucha gente no cambia sus hábitos negativos porque está demasiado ocupada haciéndolos todos los días.

¿Quieres construir una mejor vida y ser un mejor líder? La respuesta está en los hábitos que practicas todos los días.

Esta rutina diaria te ayudará a generar en ti más confianza, autoestima y podrás a su vez generarla en los demás. A continuación te detallo lo que es la mentalidad del guerrero, para que no dejes ni un solo día de tu vida de hacerlo, te lo digo porque a mí me funciona y tú puedes más que tus pensamientos, comprobado.

PRACTICA, PRACTICA, PRACTICA.

RUTINA DIARIA

06:00H

DESPIERTA, TOMA CONSCIENCIA DE TU CUERPO, RESPIRA TRES VECES PROFUNDAMENTE.

ESTÍRATE TODO LO QUE PUEDAS. RESPIRA PROFUNDAMENTE.

DA LAS GRACIAS TRES VECES POR EL NUEVO DÍA, POR LA NUEVA OPORTUNIDAD DE VIVIR UN DÍA MÁS.

BEBE DOS VASOS DE AGUA MINERAL NATURAL, BAJA EN SODIO.

PUEDES IR A CAMINAR, CORRER, DURANTE UN PERIODO CORTO DE TIEMPO. TREINTA MINUTOS MÁXIMOS, DURANTE EL TRAYECTO AGRADECE Y REPITE MENTALMENTE: "SOY AMOR, SOY PAZ, SOY SALUD, SOY ABUNDANCIA", TODO EL TRAYECTO SIN PARAR.

HAZ TRES SALUDOS AL SOL (ASANA DE YOGA) TE LO EXPLICO EN MI WEB:
www.abrahamportocarreroalvarez.com

BAÑO EN MAR, SI PUEDES, CONTEMPLANDO EL AMANECER O DUCHA DE AGUA FRÍA, IMAGINANDO QUE TE ACTIVA Y TE PREPARA PARA EL NUEVO DÍA.

DESAYUNO SALUDABLE, EVITA EL GLUTEN Y LOS LÁCTEOS, TOMA FRUTA, BATIDO DÉTOX , TÉ... Y TOMA CONSCIENCIA DEL MISMO, AGRADECE POR TENER ESOS ALIMENTOS.

08:00H

JORNADA LABORAL.

ACTITUD SIEMPRE POSITIVA, HACIA TI Y HACIA LOS COMPAÑEROS.

EJERCICIOS DE RESPIRACIÓN SIEMPRE QUE PUEDAS. SOLO DEBES PARAR CADA TREINTA MINUTOS, UN MINUTO DE RESPIRACIÓN CONSCIENTE.

HIDRATARSE Y BEBER AGUA.

11:00H

COMER PIEZA DE FRUTA

AGUA, HIDRATARSE. INFUSIÓN AL GUSTO.

HACER EJERCICIOS DE RESPIRACIÓN, UN MINUTO DE RESPIRACIÓN CONSCIENTE. TENER PENSAMIENTOS POSITIVOS HACIA LOS DEMÁS.

14:00H

AGUA, ALMUERZO SALUDABLE, EVITAR AZÚCAR PROCESADA Y ALIMENTOS CON EXCESO DE GRASA. NO COMER MUCHA CANTIDAD. AGRADECER POR ESOS ALIMENTOS Y COMER CONSCIENTEMENTE, EVITAR VER LA TELEVISIÓN Y HABLAR. INFUSIÓN.

HACER EJERCICIOS DE RESPIRACIÓN, UN MINUTO DE RESPIRACIÓN CONSCIENTE.

EVITAR SENTARSE, SIEMPRE Y CUANDO SE PUEDA.

17:00H

COMER PIEZA DE FRUTA.

AGUA, HIDRATARSE. INFUSIÓN AL GUSTO.

HACER EJERCICIOS DE RESPIRACIÓN, CINCO MINUTOS, UN MINUTO DE RESPIRACIÓN CONSCIENTE.

20:00H

COMPARTIR CON LA FAMILIA, HIJOS, PAREJA, COMPAÑERO, COMPAÑERA, AMIGOS O SIMPLEMENTE SOLO CON UNO MÍSMO.

CENA CONSCIENTE, MUY LIGERA.

AGUA E INFUSIÓN.

AGRADECER Y APUNTAR EN UNA HOJA DIEZ COSAS POSITIVAS. EJEMPLO: DOY LAS GRACIAS POR TENER TRABAJO, TENER SALUD, TENER FAMILIA, RESPIRAR...

PROGRAMAR EL DÍA SIGUIENTE, QUE ES LO QUE ESPERO DEL MISMO. RETOS, METAS...

22:00 H

HORA DE RELAJARNOS, DE ESTAR CON NOSOTROS MÍSMOS, DE CONECTAR CON NUESTRA ESENCIA.

MEDITAR, puedes encontrar meditaciones guiadas en mi página web, **www.abrahamportocarreroalvarez.com.**

Querido lector, si sigues esta rutina, te aseguro que tu vida y, por consiguiente, la de los que están a tu alrededor, mejorará considerablemente.

Es cierto que muchas veces tu mente te va a decir que no puedes, por falta de tiempo, por trabajo, por los hijos...

Todo esto son excusas que pone tu mente para mantenerte en la zona de confort, por lo tanto, tienes que convencerte de que lo mejor es esto y que el hábito no se crea de otra forma sino con disciplina y constancia, haciendo una gran rutina diaria.

Y te preguntarás, ¿y qué tiene que ver todo esto con el Liderazgo? pues déjame decirte que si cumples a rajatabla lo esta rutina diaria para generar el hábito, te aseguro que será y te convertirás en el mejor de los líderes. Porque no te hará falta nada más, ya que, simplemente con tu ejemplo, conseguirás influenciar positivamente a los demás, porque verán en ti una luz diferente, un brillo diferente y especial en tus ojos y querrán saber esto mismo que te acabo de contar.

No hay fórmulas mágicas, aún a día de hoy, y escribiendo estas páginas para ti, estoy teniendo los mismos miedos, las mismas inseguridades que puedes llegar a tener tú. Pero intento no dejarme arrastrar por ellos, haciendo lo que considero mi método particular y como he comprobado que funciona, y no existe otra manera que con la constancia y disciplina diaria.

Esto no quiere decir que, siempre y cuando no se pierda la base de la rutina para generar el hábito, puedas adaptarlo de una manera u otra a tu propio método de trabajo y a tu vida y necesidades.

Me explico, no es lo mismo la persona que trabaja en una oficina a la persona que está haciendo un trabajo más físico como puede ser un obrero, pero en los dos casos se puede adaptar el método a las circunstancias particulares de cada persona.

Lo importante es que se haga, de una manera u otra, y te aseguro que se puede y que se consiguen resultados muy buenos.

En el liderazgo, si tú eres disciplinado, constante, evitas la queja gratuita, eres un ejemplo a seguir con tu conducta y tu saber estar, te aseguro que tendrás un 80 % del recorrido ganado, el 20 % restante depende de que la otra persona esté dispuesta, con su actitud, a querer cambiar y seguir tus pasos.

"Sé como el faro que alumbra en la oscuridad y verán en ti una luz de esperanza en sus vidas".

Abraham

Como complemento a esta rutina puedes hacer varias cosas como extra que te ayudarán y podrás aplicar con el equipo. Si quieres más información te la amplío en mis sesiones privadas, puedes encontrar información en mi página web: www.abrahamportocarreroalvarez.com.

- Aromaterapia: por mi condición de terapeuta y tras varios años combinando diferentes técnicas, he comprobado que puedes hacer las meditaciones y aplicar aceites esenciales naturales para una mejor relajación e interiorización. A parte de otros tratamientos aromaterapéuticos.

- Yoga: ya te he comentado que el yoga es una técnica muy importante y completa, ya que combina estiramientos, relajación, consciencia, meditación y respiración.

- Masajes y terapias: ya no solo por mi condición de masajistaosteópata, sino que está demostrado que recibir un masaje cada semana ayuda a mejorar nuestro estado físico, mental y emocional.

- Naturaleza: da paseos por el monte, respira aire puro, vete al mar y báñate, conecta con la madre tierra y llénate de su energía. Eliminarás todas la toxinas de tu cuerpo, sobre todo las ondas que no percibimos, como las de las redes móviles, wifi, contaminación acústica y gases tóxicos como pueden ser los de los coches.

- Dieta saludable: disfruta de lo que comes pero que sea lo más saludable posible. Evita los excesos, se suele decir que somos lo que comemos, pues según es tu dieta, será tu estado de ánimo, así que cuida la misma.

MIS NOTAS SOBRE
"Genera el hábito"

19.

TRANSMITIR LA ESENCIA

"Tienes una historia que contar, muéstrala al mundo y descubrirán su propia Esencia".

Abraham Portocarrero

Querido lector, tras este recorrido por el liderazgo vamos a concluir con una de las partes más fundamentales y básicas del mismo, que no es otro que el transmitir tu verdadera esencia y mensaje al mundo, y este tiene que salir de tu interior.

Antes que nada, y de que sigas leyendo, para que lo entiendas, te recomiendo que leas el primer tomo de esta trilogía *En busca de tu esencia*, ya que te va a ayudar mejor a comprender lo que a continuación te explico, puedes adquirirlo en mi página web: **www.abrahamportocarreroalvarez.com**.

En el liderazgo, y como ya hemos hablado, tienes que tener un mensaje para los demás que provenga de tu interior y que llegue y conecte.

Hemos hablado a lo largo de este camino de muchas características que tienes que tener a la hora de conseguir ser un buen líder. Pero de nada habrá servido todo esto si no lo compruebas por ti mismo.

Es importante que este libro, que este método basado en mi propia experiencia, te lo tomes al pie de letra y lo apliques para que compruebes que todo lo que en él te aconsejo es verdad, te lo garantizo.

Pero para ello te tienes que implicar al 100 % en ti y en lo que quieres transmitir al mundo.

Ser auténtico, predicar con el ejemplo, ser único y diferente, tienes que llegar al corazón de los demás y solo llegarás de una forma, siendo tú mismo.

En *En busca de tu esencia* te guié hacia como descubrir ese potencial, ese don, esa verdadera Esencia. Ahora ha llegado el momento de ponerlo en práctica, de mostrarlo al mundo para que más personas se puedan beneficiar del mismo.

Por lo tanto, no te puedes saltar los pasos, si has llegado hasta aquí y esperas que te de la fórmula mágica, déjame decirte que no estás leyendo el libro correcto. Ya que la fórmula mágica eres tú, con tu actitud, con tus ganas, con tu propia vida, lo que sí te puedo decir es que, si decides cambiar, aplicando lo que aquí te recomiendo, puedes llegar a experimentar grandes cambios en tu vida.

Es mucho más fácil, lo único es que muchas veces y por las prisas, queremos ir por el camino más corto y eso no te ayudará a llegar a donde en realidad quieres.

Déjame decirte que te entiendo, tengo los mismos miedos, las mismas dudas e incertidumbres, pero eso no me ha hecho crecer y evolucionar. La clave de todo es focalizarse y darle la importancia a lo que verdaderamente quieres en tu vida, para ti y para lo demás.

No te dejes paralizar, solo los mediocres y la gente que no cree en sí misma se cae del camino del éxito, y has venido a vivir una vida plena, estás aquí para expandir tu esencia que te llevará a un siguiente nivel.

La Esencia que vas a transmitir a los demás eres tú, es algo que no se puede separar de ti, como ser único y original, por lo tanto, tu mensaje a los demás tendrá un ingrediente diferente que lo hará especial.

Te lo tienes que creer, si no te lo crees no puedes aconsejar, influenciar y mejorar la vida de las demás personas.

Un auténtico líder confía en sus propios principios y va con ellos hasta la muerte.

Un líder no se deja llevar por los fracasos, sino que aprende de ellos y los ve como un regalo para evolucionar.

Un líder tiene tanta conexión con los demás que empatiza en lo más profundo de su ser y ve más allá conectando su esencia con la de ellos.

Transmitir tu esencia es el resumen de todo lo que te he dicho hasta ahora en este libro y aplicarlo sin excusas

¿Cómo hacerlo?

- **Impacta al mundo con tu mensaje y el mundo te seguirá. Basado en tu propia experiencia.**

- **Ten mentalidad de líder, no idolatres a nadie, tú tienes tu propia Esencia.**

- **Ayudando a los demás te ayudas a ti mismo. Esto es clave, un líder tiene que servir a los demás.**

Tan simple como tener en cuenta estas tres claves para ser el mejor de los líderes: primero impacta al mundo con tu mensaje, importante que siempre salga de tu interior, y demostrando, siendo ejemplo, con experiencias que hayas tenido a lo largo de tu vida, que te lleven al éxito.

La mentalidad y la actitud que tengas es importante para que seas auténtico y único con tu mensaje y, sobre todo, que tengas credibilidad para tu equipo. No idolatres a nadie, aprende mucho de todos, pero no seas un seguidor más, un líder no sigue, le siguen.

Y el último punto, y no menos importante, es el de servir a los demás. Cuando tengas este concepto arraigado en tu interior, te aseguro que todo te será mucho más fácil de entender. Cuando dejes a un lado el ego y te dediques en exclusividad a mejorar y a ayudar la vida de los demás, entonces te convertirás en un líder de masas, te convertirás y mejoraras directamente. Esto es básico, debes de ayudar pero siempre, y como insisto en decirte, desde el corazón y con la mejor intención.

El término líder viene del inglés *"leader"*, que es una forma derivada de la raíz *"leaden"* que significa viajar, guiar o mostrar el camino.

Querido lector, por lo tanto, lo que tienes que hacer es mostrar tu camino al mundo para que ellos descubran el suyo.

Ahora ya lo tienes, tienes la oportunidad de crear tu propio liderazgo, basado en tus propias experiencias y lo más importante, guiando y siendo un referente para los demás.

TÚ PUEDES, TÚ ERES, YA LO SABES.

Tú eres la primera persona que deberías liderar. Todo parte de ahí, una vez que has entendido eso y te dispongas a ponerlo en práctica, entonces encontrarás muchas oportunidades y momentos donde puedas aplicar ese liderazgo.

En los momentos más difíciles de tu vida,

ya lo dice muy bien la frase:

Los momentos más difíciles de tu vida son los que definen tu carácter.

Un líder nace y se hace para ese tipo de momentos. Debes aprovecharlos para aprender todo lo que puedas de ellos.

Hay momentos tan duros que has pasado, en los que para nada has estado preparado, y ahí es precisamente donde has elegido ser fuerte, levantar la cara y salir adelante. Eso justamente hace un gran líder.

Muchos estudios sobre el liderazgo comentan que el liderazgo debe surgir desde lo más profundo de tu alma. Debe surgir dentro de ti.

Dicen que uno no sabe lo fuerte que es hasta que ser fuerte se convierte en tu última opción. Muchas personas olvidan lo fuertes que son, tú no lo hagas jamás.

"Si te caes siete veces, levántate ocho".

Proverbio Japonés

No cabe duda de que los japoneses tienen una mentalidad de campeones, tenemos mucho que aprender de ellos. Yo te digo a ti:

Si te fue mal en un negocio, vuelve a intentarlo las veces que sean necesarias. Si terminó una relación y ya no crees en el amor, has exactamente lo mismo, vuelve a intentar hasta que encuentres eso que estás buscando.

Esa es la mentalidad que tienes que desarrollar si quieres ser un gran líder.

En los momentos más difíciles de tu vida, saca el carácter desde lo más profundo de tu ser y levántate para seguir adelante. Eso también forma parte del liderazgo.

No me cabe la menor duda de que no solo mejorará tu liderazgo, el mío también, como consecuencia.

Los momentos en los que puedes aplicar liderazgo en tu vida son ilimitados, y con todas las personas que te rodean. Aumentar tu influencia en los demás hará que seas capaz de mover montañas a través de tus esfuerzos y los esfuerzos de los que te sigan.

¿Pero dónde obtengo seguidores? No los obtengas, ¡gánatelos! ¿Cómo? ¡sirviéndolos y guiándolos a ser mejores! Hay muchísimas cosas que puedes hacer para servir a los demás, conformar mejores equipos, inspirar a las personas, motivarlos y darles esperanza.

Los líderes son repartidores de esperanza.

"Contagia de esa esperanza de un presente y futuro mejor a los demás. Gánate su confianza, gánate ser visto como el líder, el líder que ellos quieran seguir y apoyar por cuenta propia, y eso sí que va a cambiar tu vida".

Napoleón Bonaparte

Resumen "Transmitir la Esencia":

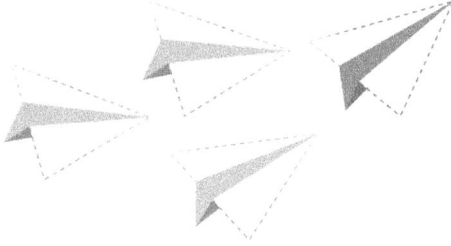

- Impacta al mundo con tu mensaje y el mundo te seguirá. Basado en tu propia experiencia.

- Ten mentalidad de líder, no idolatres a nadie, tú tienes tu propia Esencia.

- Ayudando a los demás te ayudas a ti mismo. Esto es clave, un líder tiene que servir a los demás.

MIS NOTAS SOBRE
"Transmitir la esencia"

20.

NO HAY FINAL

"No hay un final, no hay principio, solo la infinita pasión de la vida".

Federico Fellini

Llegados a este punto, querido lector, querido líder, te preguntarás ¿y ahora qué hago?

Con las herramientas que dispones, has frente al proceso de degradación espiritual, brindando amor consciente a todo cuanto te rodea, intensificando tu luz interna para luego llenar de luz tu entorno y convertirte en un faro que ilumine el camino de otras personas.

Sé consciente de cuál es la misión que te ha traído a esta vida, y toma todas las herramientas que has estado adquiriendo a lo largo de tu existencia para causar un impacto positivo en la humanidad, comenzando por ti mismo.

No solo se trata de aprender a meditar y asistir a seminarios para deshacernos de los esquemas mentales erróneos, sino de disponer de todos los conocimientos adquiridos y todas las experiencias para realmente comprometerte con un cambio profundo e interior que, definitivamente, va a llevar a cambios en tu entorno.

Sé un guerrero de la luz, una fuente inagotable de amor y transfórmate para que trabajes de cualquier forma que permita irradiar amor, sabiduría, energía sanadora y purificadora que permita limpiar al mundo entero de la negatividad que lo perturba y así lograr la ascensión vibracional del planeta, de todos los que en él habitamos.

Pero no se trata de una misión sencilla, ya que el camino está lleno de pruebas y obstáculos que limitan la acción de quién decida convertirse en guerrero de la luz.

La oscuridad, representada por todo lo dañino, lo que causa temores, enfermedades, muertes, guerras, enfrentamientos en las familias y todo tipo de situaciones negativas, está también en la propia lucha desde el lado opuesto del camino, intentando frenar el avance de la luz que proyectas.

Es por eso que no solo se trata de aprender alguna técnica como el *Reiki* o la meditación consciente, para aprender a proyectar nuestras energías positivas al mundo, sino que además debemos convertirnos en una fuente inagotable de amor, e irradiarlo a la humanidad. Y, en lo posible, enseñar a otras personas en base a nuestras propias experiencias vividas.

Ser una forma de servicio al prójimo, trae como recompensa que los demás también accedan a niveles de consciencia superior sobre sí mismos y sobre su entorno.

Tranquilo, tu camino no acaba aquí, solo acaba de empezar. Tu camino de evolución y de cambio hacia el éxito personal y en tu vida será increíble.

Espero que te haya servido este libro para seguir conectando con tu propia esencia, que es mi gran propósito en esta vida.

Te invito a continuar con este viaje en *La esencia del éxito* que es el tercer y último tomo de la trilogía *En busca de tu esencia*, para demostrarte que el éxito, si se entrena de la forma correcta, se consigue y está al alcance de todos.

LIDERA TU VIDA Y HAZ DE ELLA EL MAYOR DE LOS EJEMPLOS PARA QUE LOS DEMÁS TENGAN UN MOTIVO POR EL QUE SEGUIRTE.

Te deseo lo mejor.

GRACIAS, GRACIAS, GRACIAS.

Con mucho cariño,

Abraham.

Por último, deseo recomendarte la lectura de un libro muy especial "La voz de tu Alma" de Lain García Calvo, mi mentor y gran descubrimiento en mi crecimiento personal, ya que junto a su evento " Intensivo Vuélvete Imparable" me ha transformado la vida y ha sido el principal responsable de mi desarrollo como escritor, asesor de de vida y motivador para ayudar a lo demás.

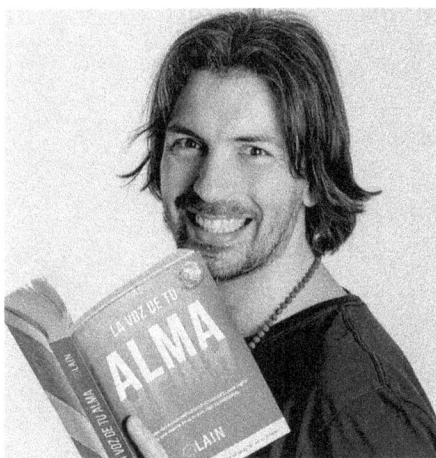

www.lavozdetualma.com

Gracias querido lector, un fuerte abrazo,

Abraham Portocarrero Álvarez

SÍGUEME EN MIS REDES SOCIALES

www.enbuscadetuesencia.com

abrahamportocarreroalvarez

abrahamportocarrero

Abraham Portocarrero Alvarez